목회돌봄안내서 2

삶이 묻고 목회상담이 답하다

목회돌봄안내서 2

삶이 묻고 목회상담이 답하다

초판 1쇄 인쇄 | 2023년 3월 27일
초판 1쇄 발행 | 2023년 4월 3일

지은이   이상억 김태형 정진아
펴낸이   이상억
펴낸곳   도서출판 하늘향

등록   제2014-31호
주소   04965 서울시 광진구 광장로5길 25-1(광장동 353)
전화   02-450-0795
팩스   02-450-0797
이메일   ptpress@puts.ac.kr
홈페이지   https://www.puts.ac.kr/pctspub

값 15,000원
ISBN 978-89-7369-485-3   93230

삶이 묻고
목회상담이 답하다

장로회신학대학교 학생생활상담소&상담목회연구부

감사의 글

사람은 살면서 누구와 함께하느냐가 중요한 것 같습니다. 좋은 대상을 경험하면서 나의 존재가 좋은 사람처럼 여겨진다면, 또한 괜찮은 사람처럼 여겨지는 관계라면 더할 나위 없지 않을까 생각합니다.

코로나바이러스감염증COVID19, 앞이 보이지 않는 캄캄하고 어두운 터널 같던 시간을 보내면서 목회상담가로 우리는 지금 무엇을 할 수 있을까…. 질문하고 고민했습니다. 만나기 어려운 상황, 소통하기 어려운 현실, 마음의 어려움과 외로움으로 힘들어하고 있는 이들에게 우리는 어떻게 다가갈 수 있을까…. 어떻게 만날 수 있을까…. 당신은 소중하다고, 귀한 존재라고…. 어떻게 말할 수 있을까….

'우아 이상억' 콘텐츠는 그렇게 시작되었습니다. 위로과 공감이 필요한 이들에게 마음을 전하고, 과거의 상처와 그 흔적으로 힘들어하는 이들에게 괜찮다고 너의 잘못이 아니라고 이야기하고 싶었습니다. 함께 견디고 걸어가는 마음으로 '우아 이상억'을 이끌어주는 한석준 전도사님과 시나리오, 영상 촬영, 영상 편집을 맡아준 박의인 전도사님, 최명진 목사님, 최필수 목사님, 윤태정 전도사님께 깊은 감사를 드립니다.

김운용 총장님께 마음 깊은 감사를 드립니다. 아픔을 안고 살아가는 이들에게 하나님의 마음을 잘 전달할 수 있도록 목회상담의 현장을 이해해주시고 격려해주시고 추천사로 함께 해주셔서 감사합니다. 좋은 책이 나올 수 있도록 꼼꼼하게 교정을 해주신 양정호 교수님께도 감사합니다. 교수님이 계셔서 참 든든했습니다.

'우아 이상억'에 관심을 두시고 사연을 보내주시는 분들에게 감사를 드립니다. 여러분들의 이야기를 통해 '우아 이상억'이 더 풍성해질 수 있었습니다. 책을 읽고 격려와 사랑의 마음을 담아 추천의 글을 써주신 정성진 목사님, 남세주 목사님, 한요한 목사님, 고혜정 사모님, 최진량 전도사님, 양명희 선생님께 감사의 마음을 드립니다.

마지막으로 '우아 이상억'을 위해 기도해주시고 관심을 두시며 구독해주시는 분들께 감사의 마음을 드립니다. 한 사람 한 사람을 귀하게 여기고 희망에 다가갈 수 있도록 안내하는 '우아 이상억' 콘텐츠제작팀이 되겠습니다. 참 감사합니다.

이 책을 통해 삶의 자리에서 우리를 향한 하나님의 사랑과 관심이 잘 전달되기를 소망하며 공감과 위로의 언어로 다가가길 소망합니다.

추천사

그대는 포이에마, 모두가 꽃이에요

지난 3년여 시간, 팬데믹으로 우리는 깊은 어려움의 시간을 보냈습니다. 삶의 대부분을 비대면으로 이어가면서 참 힘이 들었던 것은 함께 할 수 없음 때문이었습니다. 얼어붙은 겨울의 끝자락에서 봄소식을 전하는 작은 냉이꽃의 전언(傳言)이 우릴 행복하게 하고, 머리에 눈을 얹고서 꽃을 피워내는 얼음새꽃과 매화가 전하는 열정을 통해 마음 깊이 고마움을 갖습니다. 한냉의 계절이 생명의 계절로, 생명의 흔적도 찾기 어려운 겨울 들판에 꽃들이 피어나 봄동산이 되는 것이 아름다운 것은 그곳이 다름 아닌 회복의 자리이기 때문입니다. '회복'이라는 말은 어디에 붙여서도 아름답기만 합니다.

장로회신학대학교 상담목회연구부, 학생생활상담소 소속인 이상억 교수, 김태형 교수와 정진아 목사가 이 어려움의 때에 '마음의 환기'를 꿈꾸면서 회복과 위로의 메시지를 전하고자 의기투합하여 책을 냈습니다. "아쉬움과 억울함, 속상함과 슬픔, 분노와 불안을 건강하게 풀어가기를" 바라는 마음으로 엮은 책입니다. 대면할 수 없는 한겨울과 같은 시간을 보내면서 돕고 위로하기 위해 다양한 채널을 통해 상담 사역을 수행하였던 분들이 꿈꾸는 봄동산이 아름다운 이유입니다. 본서에 넘쳐나는 위로와 회복의 외침이 참 고마운 이유입니다. 삶의 정황 속에서 엉킨 실타래를 푸는 마음으로 진지하게 이야기를 듣고 함께 하늘의 위로와 회복을 찾아가던 상담자들이 모든 것이 묶인 팬데믹의 겨울을 보내며 다양한 채널을 통해 주의 도우심과 위로, 회복을 전하였던 이야기를 책으로 엮어낸 것이어서 더 감사합니다. 그 전하는 메시지가 따뜻하고 아름다운 이유이고, 본서에서 넘쳐나는 '그대는 하나님께서 만드신 최고의 걸작품 포이에마'이라는 그 외침이 고마운 이유입니다.

일전 남해군 기독교 연합 집회를 인도하러 갔다가 차가운 해풍을 맞으며 피어난 매화가 그리도 아름다웠습니다. 아직 한겨울의 기운이 한반도를 덮고 있고, 지진과 전쟁, 팬데믹의 소식은 마음까지 꽁꽁 얼어붙게 하던 시간에 멋진 꽃을 피워내 봄소식을 전하는 전령傳令을 보며 마음에 희망이 피어나는 것을 느꼈습니다. 문득 류형선의 동요가 떠올라 흥얼거렸습니다. "산에 피어도 꽃이고/ 들에 피어도 꽃이고/ 길가에 피어도 꽃이고/ 모두 다 꽃이야/ 아무 데나 피어도/ 생긴 대로 피어도/ 이름 없이 피어도/ 모두 다 꽃이야/ 봄에 피어도 꽃이고/ 여름에 피어도 꽃이고/ 몰래 피어도 꽃이고/ 모두 다 꽃이야 ….".류형선 작사 작곡, "모두 다 꽃이야" 중에서

'위로'가 필요한 시대입니다. '회복'의 동산을 일구어 가야 할 때입니다. 하늘의 위로를 전하기 위해 본서를 펴낸 저자들의 노래를 통해서 '모두가 꽃이야'라는 메시지를 전해 들으면서, 서 있는 자리에서 더 힘껏 꽃을 피워야겠다는 생각을 함께 갖게 됩니다. 본서를 통해 많은 이들이

그런 위로와 회복, 희망의 결단까지 갖게 되길 빌면서 이기철 시인의 외침을 전하며 일독을 권합니다.

> "오늘은 무슨 요일인가 묻지 않고
>
> 꽃들은 피어난다 …
>
> 작년보다는 더 잘 피려고 마음 고쳐먹으면서
>
> 꽃들은 피어난다
>
> 거기가 벼랑인지 담장인지 가시덩굴인지 묻지도 않고
>
> 꽃들은 피어난다 …
>
> 뿌리에서 올라와 뿌리의 생각을 잊어버린 채
>
> 누구의 시에 제 이름이 씌어질지도 모르는 채
>
> 꽃들은 피어난다
>
> 지상에서 제일 짧고 아름다운 것이 제 생인 줄도 모르고
>
> 꽃들은 피어난다"
>
> ─ 이기철, "꽃들은 피어난다"

2023년 3월

장로회신학대학교 총장 김운용

프롤로그

목회상담은 하나님의 임재 하에 상담자와 내담자의 사이에서 심리 그리고 영적 인식의 변화가 일어나는 신비롭고 놀라운 면담의 과정입니다. 이런 변화는 단순히 이론의 학습과 적용만으로 일어나지 않으며, 삶의 각 상황에서 이론의 살아있고 생생한 적용을 통하여 가능해집니다. 그렇기 때문에 목회상담자가 된다는 것은 만나는 모든 이들의 애절하고 구구한 사연을 늘 새로운 마음으로 듣고, 그 사연 속에 숨겨진 놀라운 의미를 발견하도록 도우며, 그들을 하나님께서 창조하신 사랑스럽고 아름다운 존재로 감상하려는 태도를 잃지 않도록 부단히 자신의 내면을 들여다보고 가꾸어 나가야 합니다.

그래서 어떻게 보면 목회상담자가 누리는 축복은 바로 하나님의 현존 경험 속에서 다른 이들을 품고, 그들을 견디어내며, 그들이 이전에 발견하지 못한 삶에 대한 새로운 의미의 발견을 돕기 위해서, 먼저 자신의 내면에 하나님의 은은한 감동과 사랑을 경험하게 되는 유익이라고 생각합니다.

우리 장로회신학대학교 상담목회연구부와 학생생활상담소는 지난 코로나 기간 동안에 대면으로 내담자들을 만나기 힘든 여건 속에서

'우아 이상억'이라는 타이틀로 삶의 다양한 상황 속에서 목회상담적 관점을 발견하도록 돕기 위해서 콘텐츠를 제작하였습니다.

이 책의 제1, 2부는 지난 2년여 동안에 함께 기도하고, 고민하고, 정성을 다해서 엮은 동영상의 내용이 담겨있습니다. 읽으시면서 각 주제와 관련된 동영상을 함께 감상해보실 수 있습니다. 누구나 편하게 목회상담이 삶의 문제에 어떤 답을 줄 수 있는지 알아보실 수 있다고 확신합니다. 그리고 제3부는 목회상담을 이론적 관점에서 이해하는데 도움을 주기 위해서 몇 가지 주제를 중심으로 간단하게 정리된 글을 담고 있습니다. 좀 더 이론적으로 목회상담과 목회상담의 심리학적 적용에 대해서 알고 싶으신 분들에게도 유익할 것으로 생각됩니다. 우리 모두에게 힘들었던 코로나의 상황 속에서 저는 개인적으로 주님의 섭리 가운데에 만난 귀한 분들과 함께 영상과 책을 만들게 되어서 참으로 행복한 시간을 보내게 되었습니다. 부디 이제 주님의 은총 가운데에 모든 분들에게 각자의 상황과 필요 속에서 이 책의 내용이 심리적 안정과 영적성숙에 큰 유익이 되기를 간절히 기원합니다.

차례

1부

마음의 환기

———

–

마음의 환기

message1-1

우리는 코로나바이러스감염증COVID-19을 통해 처음으로 '사회적 거리두기'라는 말을 접하게 되었습니다. 처음에는 사회적으로 거리를 둔다는 것이 참 낯설었습니다. 사람과 사람 사이에 거리를 둬야 한다는 사실과 지금까지 아무렇지 않게 지내왔던 일상에 변화를 주어야 한다는 현실이 참 낯선 일이었습니다.

사회적 거리두기가 시작되면서 마스크를 썼지요. 물론 적응이야 했지만, 실내외에서 마스크를 종일토록 착용하는 것이 얼마나 답답했는지 … 그리고 사람들을 마음껏 만날 수 없다는 답답함은 참 힘든 일이었습니다. 재택근무, 온라인 회의 … 지금은 익숙한 단어지만 처음엔 얼마나 낯설었는지 … 이렇게 사회적 거리두기는 우리를 새로운 환경으로 내몰았지요. 그리고 구석으로 몰린 듯 자택격리 상태로, 가정에 있는 시간이 많아졌습니다.

또한 그동안 산책도 하고, 운동도 하고, 사계절의 변화와 아름다움을 감상하며 제한 없이 마음껏 돌아다니며 살았는데, 코로나로 인해 한순간에 공간적 제약을 받다 보니 생각과 마음에 대해서도 제한을 받는 것 같았습니다. 그러한 제약은 우리가 위축과 움츠러듦을 경험하게 했고, 사람들의 마음을 닫히게 했던 것 같습니다. 이런 경험 속에서 우리에게 필요한 것은 '마음의 환기'가 아닐까요?

힘들어했던 지난날들에 대해 '마음의 환기'를 경험하며 조금 더 나아지고 건강해지면 좋겠다는 생각을 합니다. 우리의 마음속에 차곡차곡 쌓여있는 막연한, 혹은 특정한 부담감과 불안함이 마치 까만 매연처럼 가득하다는 느낌이 드는데요, 환기하듯 내 안에 모든 매캐한 공기를 모두 다 몰아냈으면 좋겠습니다.

바라기는 이 책이 사랑하는 당신의 마음을 환기할 수 있기를 소망합니다. 마음의 환기를 통해 우리 안의 아쉬움과 억울함, 속상함과 슬픔, 분노와 불안을 건강하게 풀어가면 좋겠습니다. 우리 안에 엉킨 실타래처럼 풀리지 않던 마음과 정서의 아픔이 녹아내려 마음뿐 아니라, 몸도, 우리의 삶도 환기되어 신선한 공기로, 환한 미소로 가득하면 좋겠습니다.

마음을 찬찬히 들여다보는
'마음산책'

message1-2

겨울이 되면 저마다 여러 가지 이유로 눈이 오기를 기다립니다. 아이들은 눈이 오면 눈사람 만들기, 눈싸움, 썰매 타기 … 눈이란 반가운 손님을 온몸으로 만나며 기쁨을 표현합니다. 연인들은 눈을 보며 낭만을 찾고 사랑을 확인합니다. 차디찬 성질의 눈을 맞으며 포근함을 느끼기도 합니다.

물론 눈이 싫은 사람들도 많겠지요? 눈이 무서운 이들도 있을 겁니다. 코트 깃을 세우며 총총걸음을 걸으며 내리는 눈을 피하고 싶은 사람들도 있을 겁니다.

같은 눈을 보며 다르게 느끼는 것은 그만큼 사람 마음이 제각각이기 때문일 겁니다. 같은 날씨, 같은 시간, 같은 장소에 머무르며 사는데, 왜 우리 마음은 같지 않을까요? 그것은 아마 사물과 환경을 바라보는 관점과 그에 대한 이해가 다르기 때문일 겁니다. 그러니 자신의 마음을 찬찬히 그리고 천천히 들여다보아야 합니다.

　　우리는 경쟁사회를 살아갑니다. 경쟁은 목적을 정해두고 이를 쟁취하기 위해 상대를 이기거나 앞서가려고 겨루는 것입니다. 그런데 아무리 마음을 다스리려고 하여도 경쟁을 하게 되면 갈등과 다툼이 생깁니다. 사람과 사람 사이의 갈등과 다툼도 생기지만 내 마음 안에서 수많은 균열과 다툼이 일어납니다. 그러다 보면 마음이 메말라갑니다. '내가 이 일을 반드시 이루어야 할 텐데!' '저 사람보다는 빨리 가야 할 텐데.' '뒤처지면 나는 끝장인데.' '누가 누굴 돌봐?' 자신을 끊임없이 다그치게 됩니다. 어떤 실적과 업적의 노예가 됩니다. 그러면 자연스레 시간의 노예가 되기도 합니다. 시간에 압도당하며 시간이란 녀석에게 쫓기는 신세가 됩니다.

　　이때 필요한 것은 '마음산책'입니다. 마음산책은 마음을 들여다보는 것입니다. 찬찬히 천천히 마음의 움직임을 한 발 물러서서 들여다보는 것을 말합니다.

　　내 마음의 움직임을 살피며, 내가 정말 하고 싶은 것들, 현실이라는 이유로 포기하며 접었던 것들을 떠올려 봅니다. 의식적이거나 혹은 무의식적으로 억압했던 것들, 회피하고 싶었던 것들, 나도 모르게 화가 나고 억울하기도 한 것들을 살펴보는 것입니다. 그리고 그것들을 한 걸음 떨어져 객관화하는 거지요. 그리고 내 몸을 어루만지며 자신에게 다음의 말들을 들려주세요. '많이 힘들었지?' '미안해.' '고마워, 그리고 사랑한다.'

C. S. 루이스가 쓴 『나니아 연대기』를 보면, 길거리에 있는 나무와 각양 사물들이 다 살아 숨 쉬듯 움직입니다. C. S. 루이스는 물질 만능이라는 자본주의가 세상을 온통 딱딱한 콘크리트처럼 만들었다고 생각했습니다. 그래서 모든 것이 물질로, 그저 이용하고 버리는 '그것'으로 퇴색되었다고 보았습니다. 그러니 생명력이 사라진 세상, 그 세상에 어떤 활력과 같은 생명력을 묘사하고 싶었던 것입니다.

이처럼 세상을 사랑하신 분이 있습니다. 그분은 하나님이시지요. 하나님은 자신이 창조한 세상이 욕심과 탐욕, 죄로 인해 지나치게 메마르고 딱딱해졌다는 사실에 가슴 아파하셨습니다. 그래서 세상을 구원하시기 위해, 다시 말하자면 세상을 살아 있게 하려고 예수님을 보내셨습니다.

그 예수님은 어떻게 세상을 사셨을까요? 저는 '그의 삶은 산책과 같았다.'라고 생각합니다. 형식만 남은 종교인들에게 무엇이 신앙인지, 믿는 자의 삶은 어떠해야 하는지를 예수님은 가르쳐 주셨습니다. 그래서 사람들이 죽었다며 종교적 사망선고를 내렸던 세리와 죄인들의 친구가 되셨습니다. 사망에 생명을 부여하셨습니다.

저는 우리가 걸어가는 삶의 모든 것을 살아있게 해야 한다고 생각합니다. 그것이 믿음입니다. 걸어가며 만나게 되는 나무, 풀, 그리고 하늘과 구름, 심지어 눈에 보이지 않는 바람을 느끼며 만나고 접촉하는 모든 것들을 살아있게 해보면 어떨까 생각해 봅니다. '우아, 네가 여기 있었구나!' '이야~ 네가 나를 반기고 있었구나!' 마음으로 말을 걸어보면 어떨까요?

오늘, 마음산책을 해보면 어떨까요?

겨울이 되면 아쉬운 것은 제게는 아무래도 산책입니다. 저는 산책을 참 좋아합니다. 그런데 솔직히 날이 추워지면 몸도, 마음도 움츠러들어 귀차니즘에 빠집니다. 동요처럼 '손이 꽁꽁꽁, 발이 꽁꽁꽁 …' 말입니다. 그래서 산책하러 나가지 않아야 하는 백 가지 이유를 찾습니다. '오늘은 왠지 산책할 기분이 아닌데?' '하루 안 나가는 것도 내 몸엔 더 좋지 않을까?' '잠깐 사이에 감기에 걸릴 수도 있잖아?' '내일 좀 더 걷지 뭐.' 온갖 변명을 떠올립니다.

그래서 일단 양말부터 신습니다. 그리고 이런저런 변명을 뒤로하고 이것저것 챙겨 입습니다. '잠깐 멈춤!' 생각을 멈추고 나갈 채비를 합니다. 그리고 문을 열고 나갑니다. 그러면 곧 마음엔, '그래, 나오길 잘했다.' 자신에 대한 격려와 칭찬이 가득해집니다. 마음도 몸도 활력을 얻게 됩니다.

마음산책을 위해 나서는 산책, 그 산책을 할 때는 '잠깐 멈춤' '우선 멈춤'을 꼭 떠올리면 좋겠습니다. 내가 그동안 중요하게 여겼던 것을 잠시 내려놓는 거지요. 시간도, 여건도, 체력도 안 된다는 변명도 내려놓고요. 온갖 생각에 멈춤을 떠올려 보는 겁니다.

나가서 자신을 둘러싸고 있는 모든 것들을 살아있게 해보세요. 찬찬히 살펴며 말을 걸어 보는 거지요.

자신에게도 말을 걸어 보세요. '잘 지내고 있니?' '왜 그렇게 분주했을까?' '많이 불안했구나?' '그런데, 괜찮아. 괜찮아 …'

그러면 어느새 마음이 정돈됩니다. 마음산책, 한번 해보세요. 아주 평범하지만, 그 평범함 속에서 분명 소중하고 행복한 것들을 발견하게 될 것입니다.

message 03

—

기독교인이 욕해도 되나요?

message1-3

'요즘 어떻게 지내세요? 혹시 힘든 일은 없으세요?'

누군가가 이런 질문을 던져오면, '나에게 관심이 있구나! 내 이야기에 관심이 있는 누군가가 있구나!' 하며 사랑받는 느낌이 듭니다.

얼마 전 사랑하는 제자가 유난히 힘들어 보였습니다. 그래서 '요새 무슨 힘든 일이 있어요?'라고 물었더니 이렇게 대답을 하더군요. 자기 자신도 그렇고, 주변에 직장을 다니는 친구들도 그렇고, 마음에 '환기'가 잘 되지 않아, 스트레스가 쌓이고 또 쌓이고 그러다 보니 엉뚱한 곳에서 터지기도 한다고요. 참는 것도 힘든데, 참다가 터져버리는 자신을 마주하는 것이 참 힘들다며 괴로워했습니다.

사실 직장생활을 하면서 살아간다는 것, 어떤 조직 내에서 살아간다는 것은 참 어려운 일인 것 같습니다. 왜냐하면 내가 원하는 방향으로 갈 때도 있지만 그렇지 않을 때도 있기 때문이지요. 또 조직 내에서 나에게 업무와 일을 맡길 때, '당신이 이 일을 해야 하는 거야!'라며 당연한 듯 강요할 때가 있거든요. 그러다 보니 아무래도 마음속에 억눌린 것도 많아지고, 힘든 것도 많아지는 것 같습니다.

사람들은 힘이 들면 마음에 울분이 솟고, 그러면 대개 화풀이하듯 누군가에게 쏟아내고 싶은 마음이 생깁니다. 그래서 나쁜 말도 하고 욕도 합니다. 그런데 욕을 하고 싶은 마음의 반대에 이런 마음도 존재합니다. 욕을 하면 안 될 것 같은 마음 말이지요.

특히 기독교인들에게는 욕을 하면 안 된다는 마음이 신념처럼 신앙에 자리 잡고 있기에 내적 갈등은 큽니다. 예수님의 가르침을 따라 제자로 살아가는 우리이기에, 예수님처럼 누구나 사랑하고 용서해야 한다는 마음이 있기 때문이지요. 그런데 현실에서는 이것이 얼마나 힘든 것인지요. 예수님 말씀처럼 사랑하기가 참 힘듭니다. 그러니 누군가를 미워하거나 욕하는 자신을 바라보며 괴로워하며 죄책감마저 느끼게 됩니다.

내 안에 있는 매캐한 스트레스와 상처라는 이름의 울분을 그냥 시원하게 가감 없이 적나라하게 쏟아내고 싶은데, 우리가 가진 신앙과 맞지 않아 고민을 많이 하게 될 때가 있습니다. 이때 어떻게 해야 할까요?

먼저 분명하게 말하고 싶어요. 욕하는 것은 나쁜 것이 아니랍니다. 자신에게 있는 스트레스와 무엇인가 자신을 짓누르는 것에 대해, '나 여기 있어요.' '나를 좀 내버려 두라구요.' '나도 사람이라구요.' 자신의 존재 가치를 알려주고 싶은 마음의 표현이기 때문입니다.

어쩌면 지렁이도 밟으면 꿈틀한다는 속담처럼 내 마음대로 되지 않는 세상을 향해, 나를 몰라주는 이들을 향해 '여기 내가 있어요.'하고 조금은 거칠지만 나를 표현하는 소리이기 때문입니다. 그러니 욕을 한다구요? 건강한 것은 아닐까요?

그렇다고 모든 욕이 다 건강하다는 것은 아닙니다. 자신의 마음에 집중하며 쏟아내듯 울분을 토하는 욕과 달리, 어떤 대상을 향해 저주하듯 쏟아내는 욕은 나쁜 욕입니다. 건강하지 않은 반응이지요.

누군가를 저주하듯 혹은 그의 존재를 부정하듯 욕한다면, 성경이 말하는 이웃사랑이나 우리가 믿고 따르는 신앙에 위배가 되는 일입니다. 그러니 나쁜 것이지요. 하지만 내 안에 쌓여 나를 힘들게 하는 그것을 풀기 위해 하는 욕은 자기에 대한 사랑이라고 생각합니다.

예수님은 마태복음 5장 산상수훈에서 이렇게 말씀하셨어요. "형제에 대해서 노하는 사람들은 심판을 받게 되고, 라가라고 이야기하면 공회에 잡히고, 미련한 놈이라고 하면 지옥에 간다"고 말입니다.

그런데 성경을 잘 이해할 필요가 있습니다. '형제에 대해 미련한 사람이라고, 노하거나 라가라고 한다'는 것은 '나는 형제를 인정할 수 없어. 그 사람은 존재 자체를 부정당하여도 마땅한 존재야. 그 사람은 하나님의 사랑을 받을 수도 없고 구원에서 제외된 인생이야!'라며 존재 자체를 부정하는 것을 말하거든요.

그다음 본문에서 예수님께서는 이렇게 말씀합니다. "하나님께 예배하러 갈 때 형제와 먼저 화해하고 그다음에 하나님께 예배를 드리라."고 말입니다. 형제와 화해한다는 것은 그 형제의 존재를 인정하라는 말입니다. 그에게도 하나님의 사랑과 구원을 받을 수 있는 자격이 있음을 선포하라는 것입니다. 그러니 욕은 하더라도 욕하고 싶은 세상이나 사람을 정죄하듯 부정해서는 안 된다는 것입니다.

내가 가지고 있는 아프고 힘든 마음을 쏟아내고 표현하는 것은 굉장히 건강한 반응입니다. 왜냐하면 투명하게 자신을 표현하는 거니까요. '난 이런 사람이에요.'라고 말하는 것이니까요. 그러니 욕을 한다고 무조건 죄책감과 연결하는 것은 조금 성급한 것이라는 생각이 듭니다.

우리에게는 어떤 독특한 경험이 있고, 어떤 자신만의 상처와 아픔이 있고, 그래서 어떤 독특한 향기와 색채처럼 자신만의 고유한 특성이 있겠지요? 그래서 어떤 특정한 부분에서 우리 마음의 방아쇠가 당겨지는 "트리거현상"trigger effect 이 나타납니다. 그래서 자연스럽게 화가 납니다. 욕도 하고 싶고요. 그러므로 막연히 '내가 기독교인인데 이러면 안 되지. 나는 절대 욕하면 안 돼.'하고 생각하는 것은 자신을 살피지 않고 이치에도 거스르는 것이 될 수 있습니다.

겨울이 되면 눈이 내리지요? 여름이 되면 때론 폭우가 쏟아집니다. 자연스러운 이치입니다. 또 계절에 따라 우리는 그에 맞는 옷을 입기도 하고 그에 맞는 용품을 갖추기도 합니다.

그러니 지금 내게 화가 난다면, 화가 나는 자신을 부정하고 질책하기보다는, '내가 이런 데 화가 나는 사람이구나.'하고 깨닫는 게 중요한 것 같아요. 그래서 그 부분에 대해서 '이 상황을 조금 더 지혜롭게 대처하는 방법은 무엇일까? 이렇게 화가 나는 상황에서 나는 어떻게 풀어갈 수 있을까?'를 생각하며 나를 돌아보는 것이 중요합니다.

예수님을 믿는 사람들은 때론 사랑해야 한다는 강박관념으로 '욕하면 나는 지옥 가. 욕하면 나쁜 사람이야.' 이렇게 공식을 만들기도 합니다. 그런데 그것은 너무 지나친 비약인 것 같아요. 그러니까 욕해도 돼요.

다만 '하나님, 제 안에 이런 마음이 있어요. 이 마음 때문에 정말 괴로워요.'라고 하나님 앞에서 솔직하고 투명하게 자신을 오픈하면 어떨까요?

'하나님, 저는 지금 욕하고 싶어요. 이런 사람 만나면 화가 나고, 또 저런 상황을 만나면 저는 속이 상해요. 하나님, 저를 도와주세요. 이게 저예요. 이런 저를 불쌍히 여겨주세요.' 하나님께 용기 있게 기도하면 좋겠습니다. 이러한 기도는 욕을 건강하게 활용하며 우리에게 힘을 공급합니다.

한 번 더 강조합니다. 욕하는 것은 나를 살리고 싶은, 나를 긍정하고 싶은 마음의 표현입니다. 그 간절한 마음의 조금은 거친 표현일 따름이지요. 그러니 욕하고 싶은 마음에 대해서 함부로 정죄하듯 말하지 않으면 좋겠습니다. 다만 나를 살리자고 누군가를 죽일 수는 없겠지요? 나도 살고 그도 살려야지요. 그러니 욕을 하며 자신을 살리는 방법을 찾는 것입니다. 하나님께서 욕하는 우리를 위로해 주실 겁니다.

─

갈등 없는 관계가 가능할까요?

message1-4

한 청년이 '우아 이상억' 콘텐츠에 사연을 보내왔어요. 그 사연이 참 인상 깊었어요. 처음에는 코로나로 인해 '사회적 거리두기'를 하게 되었는데 지금은 오히려 이렇게 사는 것이 편하다고 하더군요. 아마도 사람들과 부대끼며 살면서 어려움을 겪고 상처받았나 봅니다. 더불어 이런 질문을 했습니다.

"교수님, 상처를 주지도 않고 받지도 않고 살아가는 방법이 있을까요?"

이 질문을 듣고 속으로 생각했습니다. '그런 방법이 과연 있을까?

있다면 참 좋겠다.' 아마 그렇게 할 수 있는 방법을 고안한다면 "그건 '노벨평화상'감이다"라고 말하고 싶습니다.

사람과 사람이 만납니다. 그 만남이 굉장히 기쁘고 즐거워도 만남의 시간이 늘어나고 잦아지면 때로는 다투고, 때로는 서로에게 상처를 주기도 합니다. 물론 만남을 통해 서로의 관계가 더욱 돈독해지기도 하지요. 하지만 나의 모든 것을 받아줄 그런 만남을 찾는다는 것은 무척 어려운 일이랍니다. 때로 만남을 통해 상처를 주고받습니다. 속상함과 고통스러움으로 만남을 중단하거나 다시는 보고 싶지 않은 관계로 전락하기도 합니다.

어떻게 하면 만남 속에서 우리는 날마다 행복할 수 있을까요? 이렇게 생각하면 어떨까요? '날마다 행복한 만남은 없다.'

만남은 행복과 기쁨, 푸근함, 때론 짜릿한 설렘을 갖게 합니다. 하지만 더러 만남은 오해를 쌓고 갈등을 초래합니다. 오해와 갈등은 다툼과 상처를 만들고 마음에 고통스러운 흔적을 남깁니다. 그래서 우리가 누군가를 만난다는 것은 어쩌면 갈등을 전제하고 만나는 것이 아닐까요? 솔직히 문제없는 인생이 없는 것처럼 갈등 없는 만남도 존재하지 않기 때문입니다.

자, 그렇다면 만나지 말까요? 그럴 수는 없습니다. 그것은 불가능하니까요. 사람은 사회적 존재이며 만남을 통해 자신을 찾기도 하고 자신을 발전시키기도 합니다. 그렇다면 어떻게 해야 할까요?

문제는 해결하라고 있는 거랍니다. 그러니 문제를 만나게 되면, 그것을 풀면 됩니다. 이렇게 생각해 보시지요. '사람과 사람 사이의 만남에는 갈등과 오해가 있을 수밖에 없다.' 만남에는 서로에 대한 반목과 불신으로 관계가 틀어져 생기는 아픔이 있을 수밖에 없습니다. 그것이 인간관계입니다. 아무리 혈연으로 얽힌 부모 자녀 관계라 할지라도 때로 다투고, 때로 원망하고, 때로 미워합니다. 만남에 갈등과 다툼, 오해와 불신이 있어도 당연하다는 것을 받아들이면 좋겠습니다.

따라서 만남의 실체를 수용하는 것은 역설적인 가치를 발견하게 합니다. 사람과 사람의 만남이 아플 수 있기에 만남에 매몰된 듯 함몰되어 '왜 만남이 이 모양이냐'며 하소연하기보다 한 걸음 떨어져 관계를 조망할 수 있게 됩니다. 관계를 통해 '나는 누구인가? 그는 어떤 존재인가? 우리 관계는 어떤 관계인가? 이 만남을 통해 나는 무엇을 깨닫고 있으며 우리 관계를 통해 서로를 성장시키는 것은 무엇인가?'를 생각하게 됩니다. 만남에게 지혜를 묻고 만남에서 지혜를 찾는 것이지요.

이러한 성찰은 관계 안에서 힘들고 어려워하며 자신에 대해 실망하는 허무주의에 생기를 제공합니다. 또한 이런 생기는 관계에 있어 잘못된 부분이 있다면 바로 잡고 모자란 부분이 있다면 채울 수 있는 용기를 갖게 돕습니다. 만남과 관계의 성격 및 의미를 재조정할 줄 아는 지혜를 갖는 것이지요.

시인 공광규의 "걸림돌"이라는 시가 있는데요. 참 재미있어요. 들려 드릴게요. 인간관계가 마냥 힘든 것만은 아니라고, 때로 그 덕에 사람은 힘을 얻어 살게 되는 것이라고 가르쳐 줍니다.

잘 아는 스님께 행자 하나를 들이라 했더니

지옥 하나를 더 두는 거라며 마다하신다

석가도 자신의 자식이 수행에 장애가 된다며

아들 이름을 아예 장애라고 짓지 않던가

우리 어머니는 또 어떻게 말씀하셨나

인생이 안 풀려 술 취한 아버지와 싸울 때마다

자식이 원수여 자식이 원수여 소리치지 않으셨던가

밖에 애인을 두고 바람을 피우는 것도

중소기업 하나를 경영하는 것만큼이나 어렵다고 한다

누구를 데리고 둔다는 것이 그럴 것 같다

오늘 저녁에 덜 돼먹은 후배 놈 하나가

처자식이 걸림돌이라고 푸념하며 돌아갔다

나는 못난 놈, 야, 이 못난 놈, 훈계하며 술을 사주었다

걸림돌은 세상에 걸쳐 사는 좋은 핑곗거리일 것이다

걸림돌이 없다면 인생의 안주도 추억도 빈약하고

나도 이미 저 아래로 떠내려가고 말았을 것이다[1]

우리는 관계 자체를 걸림돌이라고 느끼곤 합니다. 그런데 필연적으로 우리는 관계를 맺고 살아야 합니다. 그게 사람이고 우리 인생이잖아요. 그러다 보니 만남은 우리에게 근심하게 하고 눈물 흘리게 합니다. 그런데 그 만남을 통해 우리는 때로 깨닫기도 하고, 또 세상에 대한 어떤 지혜를 갖기도 합니다. 만남을 통해 슬픔을 느끼기도 하지만 즐거움과 감동을 누리기도 해요.

그러므로 우리가 갖는 만남과 만들어가는 관계를 깊이 성찰할 수 있으면 좋겠습니다. '갈등 없는 만남은 존재하지 않는데, 만남을 이어가며 나는 어떤 자세를 가져야 할까?' '더 건강한 관계를 이루기 위해 나는 무엇을 할 수 있을까?' 고민하고 생각하고, 자신을 돌아보는 것이 만남에 대한 좋은 대처가 아닐까 생각해 봅니다.

—

과거의 상처를 안고 살아가는 이들에게

message1-5

요즈음 스포츠나 방송 연예 쪽에서 학교폭력과 관련한 이슈들이 많이 보도되는데, 그런 뉴스나 기사들을 접할 때마다 참 마음이 아프다는 생각이 들어요. 왜냐하면 학교폭력이라는 상처는 시간이 해결하지 못할 때가 많기 때문입니다. 그래서 학교폭력 피해자는 외상 후 스트레스장애PTSD 와 같은 불안장애를 가지고 살며, 자기 자신뿐만 아니라 자신과 만나는 사람도 힘들게 할 때가 많습니다.

사람은 기계가 아니기 때문에 마치 프로그램을 바꾸듯이 지금 내가 가지고 있는 아픔이나 상처를 금방 없었던 일처럼 할 수가 없습니다.

자신이 겪은 고통의 시간과 그 잔상은 앞으로 살아가는 삶에서 계속해서 영향을 끼치게 된답니다. 그러니까 과거의 어느 한때 아팠던 그 기억이 현재인 오늘을 힘들게 하거나, 미래의 삶에도 좋지 못한 영향을 끼쳐 알 수 없는 불안과 강박, 혹은 공포심을 갖게 만들 수 있습니다.

그러나 그런 아픔을 가지고 사는 사람들에게 이렇게 말하고 싶습니다. "너무 스스로를 자책하지 마세요. 당신의 잘못이 아니랍니다."

사람은 어떤 좋지 못한 일을 경험하게 되면 자존심과 자존감에 상처가 생기게 됩니다. 그러면 자연스레 자신에게서 원인을 찾으려고 하는 경향이 생기게 됩니다. 아주 자연스럽게 '그건 다 나 때문이야!'라고 생각하게 되는 것이지요. 자신에 대한 질책은 자신의 존재 자체를 부정하게 하는 비관적 생각의 악순환에 사로잡히게 합니다. '나 같은 것은 살 가치도 없어. 살아 뭐해.'라며 자신에 대해 몸서리칩니다.

하지만 사랑하는 당신에게 저는 말하고 싶습니다. "당신 잘못이 아니랍니다."

자꾸만 자신을 괴롭히고 자신을 탓하고 싶은 마음을 접어보면 어떨까요? '그건 내가 잘못했기 때문이 아니야.'라고 나를 위로하면 어떨까요? 하지만 말처럼 쉽지는 않을 겁니다. 아무리 자신을 위로한다고 해도 일종의 플래시백과 같은 심리현상이 나를 괴롭힐 테니 말입니다.

그래서 이렇게 말씀드리고 싶습니다. "나를 응원하고 내게 힘이 되는 사람들을 만나보세요."

사람은 사람과 사람 사이에서 자신을 결정하기도 하는 법입니다. 아무리 대단한 재능이 있어도 옆에 있는 사람들이 "넌 별 것 아니야!"라고 무시한다면, 자신의 재능을 꽃피우는데 엄청난 제약을 경험하게 됩니다. 하지만 보잘 것이 없는 인생이라 할지라도 옆에 있는 사람들이 "우와! 넌 참 좋은 사람이야!" 엄지손가락을 치켜세우며 경이에 가득 찬 눈으로 바라본다면, 그 보잘 것이 없는 삶을 극대화시키며 살아가지 않을까요? 그러니 나에게 긍정적인 에너지를 줄 수 있는 누군가를 만나 그에게서 위로를 경험해 본다면 어떨까요?

일단 세상이 나를 부정한다고 할지라도 나를 인정해 주는 단 한 사람, 그 살뜰한 한 사람을 떠 올려 보는 것입니다. 친구도 좋고, 부모님도 좋습니다. 멘토인 목회자도 좋고, 헛헛한 마음 털어놓을 수 있는 상담가도 좋습니다. 자신의 이야기에 공감하며 함께 울고 함께 아파해줄 그 한 사람을 찾아가면 좋겠습니다.

나의 이야기에 귀 기울이고 공감해주는 누군가는 분명 존재한답니다. 너무 쉽게 '한 사람도 없어요. 나는 버려졌어요.'라며 섣불리 단정짓듯 판단하지 마세요. 그를 찾아가 용기 내어 말해보세요. 내 마음이 아프다고. 내 이야기를 들어줄 수 있느냐고. 힘든 시간 당신이 생각이 났다고 …

하나님께서 당신을 위해 예비해 두신 위로자는 분명 존재합니다. 사람이 아니어도 괜찮습니다. 반려동물이나 동네를 다니다 만나는 들풀이나 가로수에게 말을 걸어도 좋습니다. 나만의 산, 나만의 바다라고 명명한 곳을 찾아 소리 내어 울어도 좋습니다.

자신을 성장시키는 반성과 반추는 이러한 위로 경험 이후에 하는 것입니다. 무엇이 잘못되었는지, 혹 실수가 있었는지 스스로를 진단하는 것은 자신을 추스른 후에 하는 것입니다. 그래야 반성과 반추를 통한 성장과 변화가 가능한 법입니다.

그리고 과거의 상처를 안고 사는 당신에게 드리고 싶은 말씀이 있습니다. 용기 내어 말씀드려 봅니다. 불안하고 괴로운 오늘이지만, 과거의 상처로 복잡한 지금이지만, "오늘, 이 하루를 그냥 살아보면 어떨까요?" 지나치게 과거에 매이거나, 지나치게 미래를 불안으로 채운다면 지금이라는 현재는 사라지게 됩니다. 그러니 그냥 오늘을 한 번 살아보기로 작정하는 것입니다.

솔제니친Aleksandr Solzhenitsyn, 1918-2008의 소설 『이반 데니소비치의 하루』에는 주인공 이반이 등장합니다. 그런데 이반은 수용소에 갇혀 사는, 어찌 보면 참 가련하고 불쌍한 사람입니다. 하지만 소설은 그 이반의 하루 일과를 세밀하게 묘사합니다. 차디찬 독방에 갇히지 않으려고 몸부림치며, 멀건 스프라도 먹을 수 있음에 감사하며, 차디찬 몸을 덮을 수 있는 누더기 담요 한 장이 있다는 것이 얼마나 소중한 것인지를 이반은 치열하게 경험합니다. 그렇다면 이반에게 희망이란 존재하는 것일까요? 솔제니친이 이반을 통해 말하고자 했던 희망은 어떤 것일까요?

매 순간 살아있다는 것을 느끼는 것은 삶의 가치를 발견하는 일, 그것이 바로 희망임을 솔제니친은 말하고 싶었던 것입니다. 어쩌면 암울한 수용소에 사는 것과 같은 우리네 삶에서 자연스레 갖게 되는 스트레스와 공포, 떨리는 불안을 극복하게 하는 하나의 처방은 아닐까요?

너무 어렵고 힘들지라도, 또 내일에 대한 생각을 하기 어렵더라도, 그냥 오늘을 온몸으로 살아보면 좋겠습니다. 과거의 아픈 경험에 매몰된 듯 살면 오늘이 사라집니다. 짙은 안개에 갇힌 듯 어떤 것도 볼 수 없습니다. 도저히 살 수 없다고 생각합니다. 바로 그때 그냥 살아보는 것입니다. 마치 내일이 존재하지 않는 듯, 단지 오늘 이 시간이 아주 중요한 듯 지금을 살아보면 어떨까요? 지금 보고 있는 것에 집중하며, 지금 들리는 소리에 반응하며, 지금 맡고 있는 향기에 마음을 집중해 보는 것입니다. 현재를 오감으로 느껴보는 것이지요.

때로 '왜 하나님이 나를 이런 어려움이나 고통 가운데 그냥 내버려 두시지?' '왜 나를 이런 상황 가운데에 처하게 하시지?' 하는 생각이 드는 나날을 살게 되면, 하나님에 대한 원망이 가득해집니다. '하나님, 왜 착한 사람들이 어려움을 당합니까?' '왜 저렇게 악한 사람들은 잘 먹고, 잘 사나요?' 그런데 사실 이 질문은 성경에도 자주 등장한답니다. 욥도,

요나도, 에스겔과 예레미야도, 하박국도 같은 질문으로 혼란스러워 했으니까요.

하지만 우리가 꼭 기억해야 하는 한 가지가 있답니다. 그것은 바로 그 순간에 하나님께서 우리와 함께 계셨다는 사실입니다. 이것을 기억하며 오늘을 살 수 있으면 좋겠습니다. 그리고 이렇게 기도해 보면 어떨까요?

"하나님! 제가 저 자신을 조금 더 사랑할 수 있도록 도와주세요. 그리고 이 모든 일들에 대해 스스로를 너무 몰아세우거나 자책하지 않도록 용기를 주세요. 그리고 하나님, 제가 억지로 하나님 구하고 찾지 않아도 그저 하나님께서 저에게, '내가 너 참 사랑한다! 그때 내가 너와 함께 있었단다.'라고 느낄 수 있도록 저에게 믿음을 더해 주세요."

—

떠올리기 싫지만, 자꾸만 떠오르 기억, '트라우마'

사람들은 늘 웃고 사는 사람들을 보면 부러워하며 속으로 이렇게 묻습니다. '저 사람은 힘든 일이 없나? 어떻게 저렇게 늘 웃고 살 수 있지?'

물론 정말 그런 사람도 존재할 테지만, 저는 늘 웃고 사는 사람들을 보면 백조가 생각이 납니다. 백조는 물에 떠 있을 때 아름답고 단아하지만, 물밑에선 양발로 계속 발버둥을 칩니다. '늘 웃기 위해 얼마나 자신을 힘들게 하는 것일까?'를 생각하며 늘 웃는 사람을 한편 측은하게 여깁니다.

삶에는 힘든 일도 있고, 좋은 일도 있고 … 그리고 나름의 상처도 있고 트라우마도 있습니다. 트라우마는 말 자체가 어렵게 들리지만, 우리가 살아가면서 경험하게 되는 경험들 가운데 자신을 어렵게 하거나 힘겹게 하여 병리적인 양상을 띠는 것을 말합니다.

사람은 저마다 자신만의 경험이 있습니다. 그 경험들 가운데는 좋은 경험도 있고, 생각하기만 해도 힘든 경험들이 있습니다. 우리가 생각하는 좋은 경험들은 마음의 내적인 동기가 되어 '내가 이런 일을 한 번 해봐야지!'라고 주먹을 불끈 쥐며 열심히 살아가게 합니다. 하지만 내 안에 좋지 못한 경험, 아프고 슬픈 경험들은 나를 힘겹게, 때로는 무너지게 합니다. 이러한 경험들은 의사소통을 어렵게 하고, 인간관계를 무너뜨리거나, 어떠한 역할을 감당하는 데 있어 어려움을 느끼게 합니다.

그래서 자기가 가진 능력과 재능을 제대로 발휘하지 못하거나, 또 사람이 어떤 일을 하다가 조금 멈춰서 생각도 하고 쉬기도 해야 하는데, 멈출 줄 모른다거나 쉴 줄 모른다거나 하게 되는 상태를 병리적이라고 말합니다. 즉 내 마음에 담긴 흔적이 나를 병리적으로 이끌어가는 것을 통칭해서 '트라우마'라고 하는 것이지요.

병리적인 흔적, 즉 트라우마는 치료가 필요합니다. 자신에게 어떤 병리적인 부분이 있다면, 상담 전문가를 꼭 만나라고 권면하고 싶어요. 상담 전문가들이 트라우마를 치료할 때 사용하는 기법이 있습니다. 물론 다양한 방법들이 있을 수 있겠지만 그 가운데 'PE'장기노출 기법이라는 게 있습니다. 영어의 첫 글자를 딴 것인데요, 'Prolonged exposure', 말 그대로 트라우마를 장기간 드러내는 것을 말합니다.

트라우마는 감추고 숨기려 하면 병리적인 양상이 더 커지거든요. 그래서 장기노출 기법은 마음속에 트라우마가 있을 때, 그 트라우마를 지속적으로 체계적으로 표현하며 이야기하는 것을 말합니다. 이때 상담 전문가의 지도가 대단히 중요합니다. 전문가의 지도를 따라 자신의 트라우마와 그에 얽힌 복잡한 감정들을 하나하나 지속적으로 표현하는 것이지요.

사실 'PE 기법'은 트라우마 가운데에도 조금은 극심한 트라우마를 경험하고 계시는 분들을 위한 치료 방법입니다. 예를 들어, 성폭력이나, 극심한 재난과 같은 사건이나 사고를 경험하시는 분들을 위한 치료 방법입니다. 교통사고 후유증처럼, 사고 당시엔 워낙 경황이 없기에 어디가 아픈지도 모릅니다. 하지만 하루 이틀 시간이 지나면 여기저기 아픈 것처럼, 트라우마는 마음의 후유증을 끊임없이 유발하는 일종의 동인이라고 볼 수 있습니다. 트라우마로 인한 대표적인 후유증을 'PTSD'라고 합니다. PTSD라는 말은 '외상 후 스트레스 장애'Post-Traumatic Stress Disorder 를 줄여 표현하는 것인데요, 따라서 PE 기법은 PTSD를 치료하기 위해서도 효과적인 방법입니다.

그런데 요즘에는 'PTSD'라는 말을 조금 바꿔서 'PTG'라고 표현을 하기도 합니다. 마지막에 'G'는 'Growth' 즉 '성장'의 첫 글자인데요, 그래서 PTG를 '외상 후 성장'이라고 합니다. PTG는 '나는 상처받았어!'라며 상처에 머물러있기보다 이 상처를 통해 '나는 어떻게 성장할 수 있을까?'를 도모하는 것입니다. 그래서 트라우마를 장기 노출하며 객관화하며 작품화하는 것이지요. 트라우마를 어떻게 표현할지 몰랐고, 그 생각만 하면 그냥 막연하게 불안하고 떨리고 아프기만 했는데, 장기노출을 통해 트라우마를 하나의 이야기로, 소설과 같은 작품으로 만들어가는 겁니다. 쉽게 말하자면 남 얘기하듯 하게 되는 거지요.

'내가 왜 이런 경험을 하게 됐을까?' '나한테 문제가 있는 것이겠지?' '나는 살 필요도 없겠지?'라며 스스로를 자책하는 마음을 철회합니다. 사실 문제없는 인생은 없는 것이라고, 상처와 아픔이 존재하지 않는 삶은 없는 것이라며 인생에 대한 깊은 깨달음을 갖습니다. 즉 지혜를 발견하며 성장하게 되는 것이지요. 그것이 PTG의 개념입니다.

문제없는 삶은 존재하지 않습니다. 문제가 없다고요? 그는 산목숨이 아닐 겁니다. 트라우마와 어떻게 더불어 살아갈 수 있을까? 이것을 생각하게 되는 것이지요.

성경을 보면 '하나님께 토로한다'라는 말이 있습니다. 조금 어려운 말이긴 한데, '토로한다'는 하나님 앞에 서서 '하나님, 도대체 왜 그러세요?'라고 억울한 마음과 심정을 토해내듯이 모두 드러내서 말하는 것입니다. 저는 그게 참 좋은 것 같아요. 내 마음이 힘들 때, 그래서 내 삶이 어려워지고 내가 살아가는 삶의 질이 많이 떨어질 때, 가감 없이 형식 없이 한번 소리 질러 보는 것이지요. 저는 그것을 해보시라고 권면드리고 싶어요. 우리 기독교에선 그것을 기도라고 하니까요. 하나님께 내 속에 있는 마음을 가감 없이 솔직하게 토해내고 또 말씀드리고, 그리고 또 간구하고, 장기 노출하는 거지요.

그렇게 하면 하나님께서 우리를 PTG로 인도하실 것이라고 생각합니다. 하나님의 뜻이 무엇인지를 알게 되는 것은 아닐까 가늠해 봅니다.

이재무 시인의 시, "슬픔에게 무릎을 꿇다"를 소개해 드립니다. 고요히 들어보세요. 어떤 울림을 느끼게 되실 겁니다.

어항 속 물을

물로 씻어내듯이

슬픔을 슬픔으로

문질러 닦는다

슬픔은 생활의 아버지

무릎을 꿇고

두 손 모아 고개 조아려

지혜를 경청한다[2]

–

"나 어떻게 살지?",
불안한 그대에게 해주고 싶은 말

message1-6

코로나바이러스감염증COVID-19 은 사람들의 삶에 많은 변화를 가져왔습니다. 이 변화를 경험하는 사람들은 앞으로 자신의 미래에 대해서 '도대체 어떻게 살아야 하지?' 하는 고민으로 불안해합니다. 아무래도 시대가 시대인지라 불안을 경험하는 분들이 꽤 많습니다.

특히 '5년 뒤, 10년 뒤엔 세상은 어떻게 바뀌는 것일까?' '나는 과연 잘 버틸 수 있을까?' 이런 불안은 청소년기나 혹은 이제 막 사회로 진출하려고 하는 청년기에 경험할 때가 많은데, 지금 코로나바이러스감염증 사태가 우리 사회를 주도하다 보니까, 이 새로운 사회에서 어떤 기준을 갖고 살아야 하나라는 생각이 전 국민을 소위 멘붕 상태로 만드는 것 같습니다.

경제학 용어 가운데 '뉴노멀'New Normal 이라는 단어가 새롭게 조명 되기도 하는데요, 많은 전문가들이 이 단어와 비대면, 비접촉, 온라인, 유비쿼터스, 4차 산업혁명 시대 등, 이런저런 또 다른 새로운 단어들을 언급합니다. 그런데 이런 낯선 단어들이 등장하다 보니 마음이 위축되고 왠지 모를 불안감에 휩싸이기도 합니다. 그래서 오늘처럼 살면 행복한 미래가 우리를 반겨 줄 거라는 장담을 하기가 어려운 거죠.

이런 불안은 생존이라는 기본적인 인간의 욕구를 자극하는 측면이 강하기에 좀 더 우리를 옥죄는 것 같습니다. 게다가 다른 사람들은 위기가 기회라며 살아갈 방도를 찾아 바쁘게 다니는데 나는 아무것도 준비하지 못한 채 뒤처져 퇴보하는 것은 아닌지, 상대적 박탈감에 스스로가 큰 절망과 상실감을 느끼게 됩니다.

이렇게 되면 심리적으로 '스포트라이트 효과'Spotlight effect 라는 현상이 나타납니다. 이건 마치 거대한 핀 조명이 나만 비추고 있는 것 같은 느낌을 말합니다. 그래서 내가 가진 밑천이 투명하게 모두 드러나게 되어, 사람들이 나를 보며 손가락질하는 것이 분명하다고 생각합니다. 이런 느낌을 사회학자인 찰스 쿨리Charles Cooley, 1864-1929 는 "거울 자기"Looking-glass self 라고 부르기도 했지요. 다른 사람에게서 자신을 발견하며 다른 이들이 나에 대해 어떤 표정을 짓는지, 어떤 말을 하는지 늘 신경을 쓰며 삽니다.

다른 이를 보며 자신을 찾는 것이지요. 그러다 보면 스스로 당당할 수 없습니다. 늘 자신에 대해 불안해하며 부족함을 느낍니다. 그 누군가와 또 그 무엇과 자신을 비교하며 비관하며 불안을 경험하는 것이지요.

사람들은 저에게 가끔 이렇게 묻습니다. "교수님도 불안하신가요?" 그러면 저는 이렇게 이야기합니다. "그럼요, 지금도 불안해요!"

이 세상이 내 마음대로, 또 내가 원하는 대로 살아지기만 한다면 얼마나 좋을까요? 그런데 눈만 뜨면, 또 귀를 열면 보이는 것과 들리는 것에서 바라지도 원하지 않았던 일들이 보이고 들리거든요. 그러면 불안한 마음을 갖게 됩니다. '나는 어떻게 살아야 하나?' '어떻게 대처해야 하고, 5년 뒤 10년 뒤에 나는 과연 잘 살고 있을까?' 그런 존재론적 불안함을 느낍니다.

솔직히 그렇기에 저는 '하나님을 믿는다. 하나님께서 살아계신다.'라는 말을 참 좋아합니다. 제게 큰 위로가 되거든요.

그렇다면 불안한 마음을 어떻게 하나님 앞에 가지고 나아가면 좋을까요? 저는 불안이라는 것은 하나님께서 우리에게 주신 아주 중요한 사람됨의 특징이라고 생각해요. 따라서 이 땅에서 사람으로 살아간다는 것은 어쩌면 수많은 불안에 직면할 수밖에 없는 것은 아닐까요? 그러니 그 불안 가운데에서 하나님께서는 우리로 하여금 더욱 하나님을 찾게 하고 계시는 것은 아닐까요?

솔직하게 얘기해 보자고요. 우리는 불안해야 하나님을 찾거든요.

내가 원하는 대로 살아지고, 그래서 안정감을 누리고, 모든 것이 편안해지면, 솔직히 하나님이 필요 없다는 생각을 할 때도 많잖아요. 그래서 불안은 하나님을 찾는, 또 하나님께 이르는 아주 중요한 통로는 아닐까요? 그러니 불안은 어쩌면 하나님의 은혜를 가장 극적으로 또 분명하게 경험할 수 있는 실존의 감정이 아닐까요?

불안이라는 정서를 느낄 때는 기도하면 좋겠어요. '하나님, 제가 불안해요.'라고요. 하나님께 솔직하게 털어놓는 거죠. '하나님 이렇게 불안한 제가 하나님을 만나러 왔어요. 하나님, 저를 도와주세요.' 그렇게 기도하면, 그 불안의 자리에 머무르며 하나님을 구하면 하나님께서 느닷없이 우리를 잘해주실 것이라고 믿습니다. 마음과 생각을 지킬 수 있는 평안을 주실 겁니다.

다만 하나님께서 우리를 만나주시는 그 시점의 느닷없음의 임재속에서 때때로 맥이 풀리고 힘들긴 하지만, 분명 불안의 자리에 머물러 하나님께 내 마음을 고백하면, 흑암 가운데에서 혼돈 가운데에서 빛이 있으라 말씀하신 창조주 하나님께서 우리에게 빛으로 또 생명으로 다가오실 겁니다. 그러니 우리 지금 살아요. 불안을 함께 불안해하며 살아요.

−

내가 '감정 쓰레기통'이라 느껴질 때

message1-8

오늘은 사랑하는 제자가 일하고 있는 카페에 와서 샌드위치도 먹고 차도 마시고 직접 구워준 빵들도 먹었어요. '우아 이상억' 콘텐츠를 만들면서도 사랑하는 제자들이 자발적으로 재능을 기부해줘서 늘 감사한 마음입니다.

게다가 콘텐츠를 본 사람들이 사연을 보낸다는 이야기를 들으면 참 기쁩니다. 켜켜이 쌓아 두었던 자신의 마음을 '우아 이상억'을 통해 환기하려는 마음이 참 고맙습니다. 그리고 우리와 비슷한 고민을 하는 사람들에게 힘이 되기를 소망합니다. 아주 작지만, 또 부족할 수도 있지만 생각을 함께하는 사람들이 연대하기를 바라는 마음이 큽니다.

사람과 함께 만나고 이야기를 나누면서 나의 세상이 넓어지는 것 같아요. 몰랐던 나를 발견하기도 하고, 다양한 사람들의 이야기를 경청하며 사람을 담아내는 그릇이 넓어지는 것 같아요. 정말 만남은 신비롭다고 생각합니다. 만남을 통해 힘들 때 용기를 얻기도 하고, 슬플 때 위로를 받기도 하니까요.

하지만 모든 만남이 늘 그런 것만은 아닐 겁니다. 신비는 커녕 저주와 같은 아픔이 쓰나미처럼 만남을 통해 경험하기도 하니까요.

어떤 분이 '우아 이상억' 컨텐츠에 사연을 보내왔습니다. 자신의 성향이 사람들의 이야기를 잘 들어주고 공감해주는 성향이라 자신 안에 에너지가 많을 때는 힘든 줄 몰랐는데 어떤 날은 많이 지친다고 하더라고요. 그러면서 "이런 나를 위해서 어떻게 하는 것이 좋을까요?"라고 묻더군요.

사람을 만나는 것은 아무래도 힘든 일입니다. 에너지 소비가 크지요. 그래서 때로 '지친다. 힘겹다.'라는 생각이 듭니다. 더군다나 듣기에도 좋은 이야기를 듣거나, 힘이 나는 이야기를 나눈다면 얼마나 좋을까요?

사람이 사람을 만나서 서로를 위로하고 세워주는 이야기를 하기도 하지만, 가만히 살펴보면 그것이 대화의 주류를 이루는 것 같지는 않아요. 상당 부분, 듣기에 버거운 마음에 묻어둔 속상한 이야기와 어느 누구에게도 하지 못했던 아픈 감정을 나누기 때문입니다. 그러다 보면 듣는 사람이 말하는 이보다 많이 지치죠. "좋은 얘기도 한 두 번이다." 속담이 말하는 것처럼 듣기 싫고 짜증도 납니다.

사랑이라는 정서를 생각해 보면 때로는 '에너지와 같다.'라는 생각을 하기도 해요. 내 안에 사랑의 마음이 가득한 상태에서 누군가를 만나게 되면, 그 사랑이 점점 그에게 옮겨가는 것 같아요. 양자 사이의 평행상태를 이룰 때까지 말입니다.

조금 어렵게 이를 엔트로피Entropy 라고 합니다. "모든 에너지는 위에서 아래로, 큰 쪽에서 적은 쪽으로"라는 일종의 에너지의 무질서도에 대한 법칙이지요. 쉽게 말해 우리 옛말에 이런 말이 있습니다. "사랑도 내리사랑이야." 아무래도 자녀의 부모에 대한 사랑보다는, 부모의 자녀에 대한 사랑이 큽니다. 적어도 같은 위치에 있다면 사랑은 흘러가게 되어 있습니다. 그래서 아무래도 부모가 더 속이 상하고 부모가 더 마음을 졸이지요. 자녀보다는 말입니다.

그러니 아무래도 사랑과 관심이 더 큰 사람이 상대적으로 어렵고 힘든 상황에 있는 사람보다는 에너지가 더 크겠지요? 둘이 만나면 어떻게 될까요? 엔트로피와 같은 사랑의 흐름이 생겨납니다. 그러면 상대적으로 덜 힘든 사람이 에너지를 소비하고 상대적으로 힘든 사람이 에너지를 얻겠지요.

그래서 사람을 만나면 어느 한쪽은 에너지를 얻는가 하면 다른 한

쪽은 '지친다. 힘겹다.'라는 생각을 하게 되는 거예요. 그렇다면 어떻게 하면 이러한 만남의 역학 속에서 지치지 않을 수 있을까요? 자신을 위해 무엇을 할 수 있을까요?

기독교인들은 하나님을 사랑하고 이웃을 사랑해야 한다는 신앙심을 가지고 사는 사람들입니다. 그러다 보니 하나님을 사랑하는 마음으로 이웃을 사랑해야 한다는 마음 때문에 나도 모르게 지나칠 정도로 다른 이의 이야기를 들어주기도 하고 도와줄 때도 많아요. 왜냐하면 사랑은 곧 희생이라는 말을 참 많이 들어왔기 때문입니다.

그러다 보면 아주 쉽게 '탈진'^{Burnout}이라는 것을 경험하게 되는 것 같아요. 아무리 우리가 하나님의 은혜를 구한다고 해도 사람인지라 힘겹고 어렵다는 생각을 절로 하게 됩니다. 또 자신 스스로도 자신의 문제에 때로 허덕이니 말입니다. 내가 모든 십자가를 지고 가야 할까요?

이때 먼저 생각해야 할 부분은 우리가 사람이라는 점입니다. 우리는 물론 영적인 존재이기도 합니다. 하지만 정서와 몸을 가진 존재이기도 하지요. 이 땅에 두 다리를 딛고 살아가는 한, 우리는 우리의 한계를 부정할 수 없습니다. 아니 부정해선 안 됩니다. 그러니 메시아 증후군^{Messianic syndrome}을 겪는 것처럼 내가 모든 것을 다 해야 하고 나만이 이 일을 처리할 수 있다는 생각은 버려야지요. 나는 예수님이 아니잖아요.

자신을 예수님이라고 생각하세요? 그것을 교만이라고 한답니다.

만약 영적인 교만에 빠져 내가 모든 것을 해야 한다고 생각하고 살면, 내게 에너지가 있을 때는 괜찮지만, 에너지를 소진하게 되면, 사람을 만나는 것에 있어 일단 '거부감'이 듭니다. 그리고 '만나서 뭐 해?'라는 가치 혼돈의 경험을 하게 됩니다. 그래서 만남 자체에 대한 '허무함'을 갖게 되는 거지요. 결국 신체적인 측면에 있어서는 여러 가지 '신체화 증상'들을 경험하게 됩니다. 사람을 만나려고 하면, 편두통이 생긴다든지, 불면증으로 고생한다든지, 항상 긴장되어 있다든지, 그래서 목이 뻐근해진다든지, 혹은 '근육경련'을 경험하는 것이지요. 이것을 탈진의 증상들이라고 한답니다.

자신이 사람임을 인정하는 사람은 이웃을 사랑하되 지나치지 않습니다. 물론 하나님의 은총을 받은 몇몇 사람들은 희생과 헌신으로 순교자의 반열에 오르기도 합니다. 하지만 모두가 그런 은총을 받은 것은 아니란 사실을 기억해야 합니다.

그 다음으로 기억해야 할 것은, 그리스도인들은 이웃을 사랑하되 자신에게 있는 에너지를 소비하는 차원으로만 사랑하는 것이 아니라는 사실입니다. 하나님께 은혜를 받아 사랑을 충전하는 것이지요. 그래서 우리가 하나님께로부터 받은 사랑 덕에 사랑을 흘려보낼 수 있는 것입니다. 하지만 하나님의 사랑은 한결같아도 우리가 한결같지 않은 사람이란 존재이니 하나님의 사랑을 끊임없이 충전 받고 흘려보낼 수는 없을 겁니다. 그래서 분별과 지혜를 생각해야 하고, 또 사랑을 하되 지나치지 않아야 한다고 권면 드리는 것입니다.

그러나 그럼에도 불구하고 마치 순교적 사명을 띤 사람처럼 때로 탈진도 경험하고 자신의 육체적 한계를 넘어서는 용기를 가져보는 경험도 필요하다는 생각을 합니다. 그렇게 누군가를 사랑해 보는 겁니다. 물론 때때로 죽을 만큼 힘든 허무에 빠질 수도 있을 겁니다. 하지만 또한 때때로 하나님께서 까마귀를 통해 떡과 고기로 엘리야를 회복시키셨던 것처럼 우리도 누군가의 생각지도 못했던 사랑을 통해 회복도 경험할 겁니다.

그래서 저는 종종 제가 좋아하는 동시에 곽해룡 선생님의 "할머니 소원"이라는 시를 읽으며 용기를 내 보자 마음을 가다듬기도 합니다.

할머니 소원은 죽어서

큰 비석을 세우는 것도 아니고

볕 잘 드는 곳에 묻히시는 것도 아니고

물고기 밥이 되는 거라 하셨습니다

평생 개펄을 파먹고 사셨다는 할머니는

돌아가시면 한 줌 가루가 되어

낙지, 고동, 꼬막에게

밥이 되는 거라 하셨습니다

염소를 먹이기 위해 길러지는 풀처럼

사람을 먹이기 위해 길러지는 고추, 마늘, 콩처럼

하나님이 사람을 기르는 이유는

누구에겐가 밥이 되는 거라 하셨습니다

사람이 늙어가는 것은

먹기 좋게 익어가는 밤, 대추, 감처럼

물고기가 먹기 좋게

낙지, 고동, 꼬막이 먹기 좋게

익어가는 거라 하셨습니다[3]

시가 참 좋지요? 생각해 보면 우리는 나만 위하고 살아가는 환경에 머무르려는 경향이 짙습니다. 하지만 그런 생각을 딛고 누군가의 밥이 되어보자 다짐해 보면 어떨까요?

물론 반드시 순교자로 살아야 한다는 것은 아닙니다. 한 번 도전해 보고, 하나님께 간구도 하고, 애도 써보는 것이지요. 그러다 지치고 힘들면 하나님의 은혜도 구하고 잠깐 멈춰 쉼을 누려보기도 하는 것이지요. 환기적 대상도 만나고, 환기적 공간도 찾아가 보는 것입니다. 그렇게 살아보기로 한 번 다짐해 보는 우리가 되면 참 좋겠습니다.

‐

'내가 잘못한 걸까?',
나를 잃어버리게 하는 가스라이팅

message1-9

얼마 전 우리 사회에 크게 이슈가 되었던 사건이 하나 있었는데, 바로 '가스라이팅'gas-lighting 에 대한 사건이었습니다. 가스라이팅이란 환경과 마음을 통제하여 사람을 억압하거나 조종하여 굴복시키는 일을 말합니다.

이 단어는 1938년에 패트릭 해밀턴Patrick Hamilton, 1904-1962 이란 작가가 만든 『가스등』gaslight, 1944 이라는 연극 시나리오에서 시작된 단어입니다.

이 시나리오에는 두 사람이 등장하는데요, 한 남자가 어떤 여성의 재산이나 가진 보물을 빼앗으려고 그 여성과 결혼합니다. 그러고 나서 어떤 의도를 갖고 실내의 가스등을 어둡고 침침하게 켜둡니다. 그런 가스등을 본 아내가 "너무 어두운데요?"라고 말하면 "이게 뭐가 어둡냐고, 이렇게 밝은데 뭐가 어둡냐고."라며 아내를 몰아세워요. 그리고 자기 아내에게 "당신의 정신이 많이 흐리다." "당신이 심리적으로 많이 힘든 상태다."라며 자기의 말을 자꾸 주입해요. 그러면서 뒤로는 집에 있는 온갖 돈이나 보석들을 다 빼돌리는 거예요. 그런데 그 연극의 마지막에는 이 여성이 깨닫죠. '내가 그동안 이런 식으로 조종당해 왔구나.'

사람과 사람의 만남에 있어, 때로 의식적이거나 무의식적으로 우리는 '유사 가스라이팅'을 경험합니다. 왜냐하면 사람은 각자 가지고 있는 관점이 있고, 어떤 기준이 있는데, 때로 가족이나 친구에게 "나는 이렇게 생각해. 이게 최선이 아니겠니? 이렇게 하는 게 가장 좋은 것 같아."라고 자신의 의견을 지속적으로 상기시키며 상대의 생각이나 삶을 자신이 생각하는 방향으로 끌고 가려고 애를 쓰기도 합니다. 하지만 이를 코칭이나 멘토링 혹은 컨설팅이라고도 할 수 있기에 무조건 가스라이팅이라고 하기에는 무리가 있습니다.

가스라이팅이냐 아니냐를 정확하게 알 수 있는 것은 '그것을 통해 누가 이익을 얻느냐?'라는 답변에서 분명히 파악할 수 있습니다. 가스라이팅의 대상이 이익을 얻거나 활력을 얻는 것이 아니라 가스라이팅을 하는 사람이 이익을 얻는다면 그것은 분명히 가스라이팅입니다.

혹 자신이 가스라이팅의 대상인지를 분별하려면 다음의 세 가지 기준을 꼭 기억해야 합니다. 첫째, 그 사람을 만나고 오면 항상 죄책감을 가집니다. '내가 뭘 잘못하지 않았나?' '내가 실수했나 봐.' '내가 다 문제야!' 그렇게 생각을 갖게 됩니다. 둘째, 그 사람을 만나기 전에 늘 자기 자신을 점검하게 됩니다. '오늘은 어떤 걸 지적당할까?' 혹은 '내가 또 그런 얘기 듣지 않을까?' 이렇게 생각하며 늘 마음 한 모퉁이가 많이 불안해지고 어두워지고 우울해지는 거지요. 셋째, 그 사람을 만나면 항상 그의 말에 압도당해 말 같지도 않은 말에 복종하게 됩니다. 손해를 봐도 당연한 벌이라고 생각합니다. 그리고 그 사람이 언제나 이익을 취해 가집니다.

그러니 그 사람을 만나는 것 자체가 편하거나 즐겁지 않습니다. 그래서 그 사람을 만나면 부담이 되고 힘이 듭니다. 대단히 높은 사람을 만난 듯, 혹은 직장의 보스를 만난 듯, 그 사람 앞에서는 자세 하나도 편하게 가질 수 없습니다. 이런 느낌이 든다면 '내가 가스라이팅 당하고 있는 거로구나!' 이렇게 진단을 해야 합니다.

누군가에게 가스라이팅을 당하는 느낌이 든다면, 그런 상황에서 나 자신을 어떻게 돌볼 수 있을까요?

먼저는 내가 당하고 있는 것이 가스라이팅인지 아닌지를 분명하게 분별하고 인지해야 합니다. 자기 마음을 한번 들여다보면 좋을 것 같아요. '그 사람을 만나면 편안한가? 내 마음에 기쁨이 있는가?'

그리고 자신의 감정에 더욱 충실해야 합니다. 내가 무엇을 좋아하고 무엇을 싫어하는지, 내가 정말 바라는 것은 무엇이며 나는 어떤 삶을 살고 싶은지를 깨달아 보아야 합니다. 자신의 감정을 인지하는 것이지요. 나에 대해 분명하게 이해하고 자각했다면 그것을 그 사람에게 표현해야 합니다. '저는 그렇게 하기 싫어요. 저는 이렇게 하고 싶어요. 그것은 어려워요. 저는 이런 부분을 할 수 있고 그런 부분은 하고 싶지 않습니다.'라며 분명하게 자신을 표현할 필요가 있지요.

이때, 자신의 마음에 집중하며 나-언어I-language 로 표현해 보는 것입니다. '제 마음이 아픈 것 같아요.' '나는 이런 생각이 들어요.' 등 나에 대해 조곤조곤 말할 줄 아는 용기를 가져보면 좋을 것 같아요.

사람과 사람의 만남에 있어 누군가를 조종한다는 것은 엄밀한 의미에서 폭력이며 심각한 범죄의 일종이라고 생각합니다. 우리가 에리히 프롬Erich S. Fromm, 1900~1980 이 말했던 것처럼, 누군가를 만날 때 존재로 만나고 있는 것인지, 혹은 소유로 만나고 있는 것인지를 생각해 보아야 합니다.

누군가를 만나며 소유로 생각한다면, 나와 너의 인격적 관계가 허물어지고 나와 그것이라는 피상적이며 물질적인 관계 그 이상도 이하도 아닌 것이 됩니다. 누군가는 나의 소유물이 아니잖아요. 우리가 만나는 그 한 사람을 위해 우리 하나님께서는 얼마나 기뻐하실까요? 그런데 우리가 그 사람을 '넌 내 거니까!' '넌 내가 이렇게 해도 되는 존재니까!'라며 너무 쉽게 사람을 대한다면 그것은 하나님께 대한 큰 잘못이라는 생각을 합니다.

내가 누군가에게 인정받고자 하듯이, 그도 인정받아 마땅한, 사랑받기 위해 태어난 존재란 것을 잊지 않으면 좋겠습니다.

'사회공포증',
사람들 앞에 서면 내 심장소리가 들려요

message1-10

가끔 이렇게 이야기하는 학생들을 만나곤 합니다.

"교수님! 사람들 앞에 서면 자기 숨소리도 되게 크게 들리고 심장 뛰는 소리가 들리고 이런 증상이 있는데, 이게 왜 그런 걸까요?"

오랜 시간 강단에서 학생들을 가르치고 설교를 해왔지만, 사람들 앞에 서면 저도 떨립니다. 사람들 앞에 서는 것 자체가 가슴 두근 두근거리고 '어떡하지?'라고 생각할 때가 많습니다. 그리고 불안감에 가슴이 쿵쾅거리면 '이러다가 심장 터지겠네.'라는 생각이 들기도 합니다.

실제 사람들 앞에 서는 횟수가 많아지고 세월이 많이 흐른다면 사람 앞에 서는 것에 무덤덤할 수 있을 겁니다. 하지만 대부분은 사람들 앞에 서는 것이 떨리고 긴장이 되지요.

사실 불안을 극복한다는 것은 정말 어려운 일입니다. 죽을 것 같으니까 말입니다. 그런데 말이지요. 이렇게 생각해 보면 어떨까요? '그냥 죽지 뭐.'

제가 경험해 보니, 심장이 쿵쾅거려서 죽을 것 같은데 안 죽더라고요. 그래서 그냥 내버려 두기 시작했어요. 그렇게 내버려 두다 보면 진정이 되더라구요. 그리고 한 번 두 번 횟수를 늘려가다 보니 조금 익숙해졌습니다. 여전히 불안은 완전히 사라지지 않았지만요.

그리고 사람들의 반응과 사람들의 태도에 신경을 쓰기보단 자기 자신에게 집중해 보세요. 내가 지금 말하고 있는 주제에 몰입해 보는 겁니다. 그리고 이렇게 생각해 보면 어떨까요? '내가 하는 말, 나라도 잘 들어야 하지 않겠니?'

조금은 극단적인 말이긴 하지만 이렇게도 생각해 보는 겁니다. '나만 좋으면 돼.'

종교 심리학자 가운데 윌리엄 제임스^{William James, 1842-1910}라고 있는데요. 이 사람이 『종교적 경험의 다양성』이라는 유명한 책을 썼습니다. 그런데 이 사람도 다른 사람들 앞에 서는 것에 대해 공포심을 가졌다고 합니다. 그때 주기도문이나 암송하고 있던 하나님의 말씀이 참 많은 도움이 되었다고 해요.

신앙 자원인 기도와 찬양, 말씀과 예배를 통해 하나님께 맡기는 연습을 하는 겁니다. 두려움과 걱정, 불안을 하나님께 맡기는 것이지요. 그런 연습 속에서 윌리엄 제임스는 모든 인간 경험에 저마다의 가치와 의미가 있다는 독특한 통찰을 얻게 되었다고 합니다. 그래서 그는 긍정적이고 진취적인 마음만 중요한 것이 아니라 때로 우울한 마음과 불안한 마음, 그리고 어둡고 실망스러운 감정도 사람의 실존에게는 하나님과 궁극, 초월을 깨닫는 촉매가 된다고 주장하게 되었지요.

우리의 불안한 마음에 대해서 좀 더 전문적으로 도움을 받을 수 있는 책을 한 권 소개해 드릴게요. 김태형 교수님이 번역하신 『사회공포증』이라는 책입니다. 도널드 캡스Donald Capps, 1939-2015 라는 목회심리학자가 쓴 책입니다.[4] 이 책은 사회공포증에 대한 여러 가지 대처방안들도 나오는데요. 특히 신학적으로 또 심리학적으로 어떻게 대처하며 어떻게 이해할 수 있을지에 대한 깊은 통찰을 소개하고 있답니다.

도널드 캡스는 제 선생님이기도 한데요, 사실 이 분도 사회공포증 환자이기도 했어요. 자신을 돌아보며 사회공포증이 있는 자신이 세상을 왜 살아야 하는지, 자신 안에 담긴 하나님의 뜻은 무엇인지, 그 가치와 의미를 찾고자 했던 것이지요.

앞선 메시지에서 언급하기도 했지만, 사람들 앞에서 불안하고 두려운 마음을 가진 분들을 위해서 제가 드리고 싶은 말씀이 하나 있습니다. 사람들 앞에 서는 것이 힘든 기질이 있건, 혹은 그와 연관된 상처가 있든 누군가가 나를 유심히 바라볼 것이라 생각하며, '나는 절대 실수하면 안 돼!' '창피해 죽겠네.' '어떻게 하지?' 스스로 움츠러들며 자신을 위축시키는 생각에 매몰되어 강박으로 몰고 가는 경향을 갖기도 하는데, 이것을 '스포트라이트 효과'Spotlight effect 라고 한답니다.

대형 핀 조명 searchlight 이 마치 나만 비추고 있는 것처럼 느끼고 온 세상이 자신만 바라보고 있을 것이라고 생각하는 것이지요. 그런데 중요한 것은 대부분의 사람들이 그렇게 생각한다는 사실입니다. 사람들은 자기만 신경 써요.

그러니 사람들 앞에서 좀 버벅거려도 돼요. 말하는 중간에 정적이 있어도 되고, 실수해도 괜찮아요. 사람들은 자기 일이 아니면 대부분 잊어버리니까요. 그리고 오히려 '나는 뭐라고 말해야 할까?' '저 사람이 무엇을 말하고 있지?' 자신이 말해야 하는 순서에 신경을 쓰거나 자신의 생각을 가다듬느라 정신이 없습니다. 그러니 자신의 단점과 실수에 너무 연연해하지 않는 용기를 가질 필요가 있답니다.

게다가 누가 봐도 콤플렉스일 것 같은, 한계일 것 같은 모습에도 당당하게 사람들 앞에 선다면 사람들은 오히려 그런 모습에 찬사를 보내며 열광하게 됩니다. 아무래도 누군가 앞에 선다는 건 큰 책임감을 지는 일이기도 하기에 신경이 쓰이는 건 사실이죠. 많은 사람들 앞에 서면서도 전혀 긴장도 안 되고 무감각 무덤덤한 사람은 없지요. 사람은 다 그렇습니다. 긴장하고 또 불안해하고 가슴 두근거리고 삽니다.

그럴 때 이렇게 기도해 보면 어떨까요? '하나님, 제가 이렇게 떨리는데요, 좀 도와주세요. 그리고 저를 불쌍히 여겨주세요.'

잠시 호흡도 가다듬고 자신에게 집중해 보는 것이지요. 그래도 진정이 되지 않고 불안해 미칠 것 같다면, '이러다 미치지 뭐.'하고 내버려 둬 보는 것이지요. 미치지도 않고 죽지도 않는 자신을 발견하게 될 겁니다.

그리고 누구나 조금은 실수를 하겠지요? 긴장하고 불안하니 말입니다. 하지만 실수하지 않는 사람은 없습니다. 게다가 사람들은 자기 문제에만 관심이 크니, 그냥 한 번 웃고 잊어버릴 겁니다. 그러니 우리도 그냥 한 번 쪽팔리고 넘어가요. 이렇게 횟수를 더하다 보면 조금 익숙해지고 자신만의 노하우가 생기기도 할 겁니다. 점점 대담해지기도 하고요.

이것을 심리학에서는 노출 치료라고 합니다. 체계적으로 불안을 둔감 시킬 수 있도록 연습에 연습을 반복하는 것이지요. 이때 중요한 것은 하나님께 완전히 의지하고 완전히 내려놓는 것입니다. 하나님께서 반드시 잘해주시고 지켜주실 거예요. 괜찮을 겁니다.

과의존 벗어나기

message1-11

2021년, '과의존 벗어나기' 연구팀과 함께 책을 준비하고 출판하게 되었습니다. 상담하면서 무언가에 과도하게 몰두하고 있는 사람들을 만나게 되어요. 게다가 그런 자신을 불편하게 느끼는 사람들이 참 많더군요. 그래서 『과의존 벗어나기』책을 출판했습니다. 이 책은 불안한 시대를 살아가며 무언가에 몰두하는 상태, 곧 과의존을 불편해하고 힘들어하는 사람들을 돕고 싶은 마음에 고민하고 연구하여 출판한 책이랍니다.

'의존'이라는 단어는 우리가 정말 잘 알고 있는 단어잖아요. 의존,

무엇에 기대는 마음인데, '과의존'이라는 것은 그게 너무 심하다는 뜻입니다. 그래서 내가 가진, 혹은 내가 해야 한다고 생각하는, 모든 것에 지나치게 과하게 몰두하는 것, 그것을 일컬어 과의존이라고 말합니다.

중독이라는 것은 과함이 지나쳐서 이미 병리적인 어떤 증상들을 나타낸다는 것인데요, 과의존은 중독의 경계선에 있는 것이라고 볼 수 있습니다. 쉽게 말하자면, 중독은 정신건강에 있어 좋지 않은 증상들을 많이 나타냅니다. 일상적인 삶을 방해하고 '그것' 없이는 도저히 살 수 없다고 생각하며 발작을 일으키거나, 어떤 금단 현상들로 인해 삶이 피폐해지는 것이지요. 반면 과의존은 일상적인 삶은 가능합니다. 그리고 자신의 정서나 삶이 메말라 있다는 생각을 하지 못해요. 하지만 조절하기엔 너무 힘든, 그래서 '그것'에 속박되어 있다고 느끼죠. 그래서 경계선이라는 말을 하는 것입니다.

저와 함께 한 과의존연구팀은 과의존 양상을 자주 보이는 영역에 관해서 연구했습니다. 일 과의존, 관계 과의존, 소비 과의존, 스마트폰 과의존, 음란물 과의존 등에 대한 대처를 연구하는 것이 필요하겠다고 생각했어요. 그래서 자신이 스스로 점검할 수 있는 표도 만들고 사례들도 넣어서, 쉽고 간단하게 내가 과연 과의존인지 아닌지를 진단하고 자신을 관리하는 방안들을 제안했는데요, 한 번 읽어 보시기를 권해드립니다.

과의존의 원인은 아무래도 불안입니다. 인간은 누구나 불안하지요. 우리가 살아있다면 불안은 늘 우리와 함께합니다. 그렇다면 나는 과연 불안에서 벗어날 수 있을까요? 그런 방법을 알게 된다면 아마 노벨상 감이라고 생각합니다.

그렇다면 우리는 어떻게 불안을 경감시키고 때로 해소할 수 있을까요? 먼저 마음속에서 불안을 완전히 제거하겠다는 결단에 집착하지 않으면 좋겠습니다. 우리에게서 불안을 제거할 수 없다는 현실을 인정하는 것이지요. 그리고 불안을, 아니 불안한 나를 받아들여 보는 겁니다. '이게 나야!'라고 말입니다.

불안한 나를 부정한다고 좀 더 좋은 내가 될 수 있을까요? 아니라고 단언할 수 있습니다. 오히려 불안한 나를 부정하려 할수록 나는 더욱 불안한 사람이 될 테니까요.

여러 자기개발서에서 말하는 것처럼 '나는 할 수 있어.'라는 말에 현혹되지 않기를 바랍니다. 오히려 '불안한, 불안해서 힘든 내가 이 세상을 살아가고 있구나!'하고 인정하는 것입니다. 그리고 불안한 이 세상이 내가 살아가야 할 유일한 거처이고, 또 불안한 나를, 바로 이렇게 부족한 나라는 존재를 하나님께서 사랑하고 계시구나 하고 하나님의 사랑을 느

껴보는 겁니다.

이것도 모자라고 저것도 부족해서 늘 실수하는 존재인 나를 한 번 수용해 보는 거지요. 그러면 불안이라는 녀석과 친한 친구가 될 수 있습니다. 불안이란 이름의 친구를 내 삶에 정중하게 초대해 더불어 살아가기로 하는 겁니다.

이렇게 말씀을 드리는 데는 이유가 있습니다. '불안해.'라고 생각하면 불안해진 나를 자꾸만 질책하게 됩니다. '나는 또 불안해지네. 왜 나는 맨날 걱정만 하고 살까? 나 같은 건 살 가치도 없어.' 자신에 대한 가치를 평가절하하고 스스로 함부로 여기게 됩니다. 그러면 불안이 나를 더 어렵게 하는 악순환의 반복을 경험합니다.

하지만 불안을 한번 맞이해 보려고 해보세요. 불안을 친구로 만들어 보세요. 그러면 불안을 통해 삶을 깨닫고 인생에 대한 통찰을 얻기도 합니다. 그래서 내게 있는 모자란 부분을 보완할 수 있는 동기를 마련하게 하기도 하고, 미래에 대한 대비도 하게 할 겁니다. 그러니 불안을 건강하게 활용할 수 있도록 불안과 친해지는 거지요.

불안을 친구로 만들기에 이 책이 참 좋은 것 같아요. 우리의 삶을 조금 더 건강하게 이끄니까요. 불안을 조금 더 수용할 수 있게 하고 불안과 좀 더 좋은 친구가 되게 하니까요.

불안 때문에 과의존에 몰입되어 살아갈 수밖에 없는 나, 한번 사랑해 보아요. 그리고 '반갑다 불안아!' 하며 넉넉하게 웃음 짓는 우리의 삶이 될 수 있기를 소망해 봅니다. 사랑합니다.

2부

그래도 괜찮아요

message 01

-

백번의 위로 "사랑합니다."

현대인이 관심을 갖는 키워드 가운데 '위로'는 아무래도 세월의 변화와 상관없이 열 손가락 안에 꼽히는 주제 단어입니다. 위로에 관심을 두는 것은, 위로가 많이 필요하다는 말이기도 한데, 그만큼 오늘이 녹록지 않다는 뜻일 겁니다. 그래서 부끄럽지만 잔잔하게 사랑의 마음을 담아 건네고 싶은 위로 한 권을 소개하고자 합니다. 『백 번의 위로 사랑합니다』라는 책입니다.

이 책은 오늘을 애쓰며 힘겹게 살아가는 이들을 위로하고 싶은 마

음을 담아, 그리고 남몰래 눈물 흘리는 이들을 위로하고자, 쓴 일종의 말씀 묵상집입니다. 위로가 가득한 사회, 위로가 가득한 공동체를 만들고 싶은 작은 소망을 담아 쓴 졸저입니다.

이 책은 아침마다 혹은 하루를 마감하는 늦은 시간, 책에 담긴 묵상 글을 한 편씩 읽으며 자신을 말씀 앞에 세워 두는 말씀 안내서입니다.

제가 저자임을 부끄러움을 무릅쓰고 말씀드립니다. 이 책을 쓰며 저는 저 자신을 먼저 위로하고 싶었습니다. 그리고 힘든 세상을 살아가는 사람들을 위로하고 싶었습니다. 하나님께서 위로자이시고, 말씀이 위로인데, 그 위로를 통해 모두가 회복되기를 바라는 마음에서 쓴 책이랍니다.

저는 매일매일 하나님의 말씀을 묵상합니다. 하나님의 말씀을 앞에 두고 묵상하며 얼마나 큰 힘과 용기를 얻는지요. 때로 속상한 마음, 상처받은 영혼에 회복을 얻을 때가 많습니다. 이렇게 말씀을 통해 힘과 용기를 얻는 자기 돌봄, 아마 이것이 목회상담, 기독교상담이 바라는 중요한 회복의 방향이 아닐까 생각합니다. 그래서 저는 목회상담, 기독교상담을 하는 제자들에게 늘 강조합니다. 꼭 말씀 묵상과 기도를 놓쳐서는 안 된다고 말입니다.

우리는 누군가에게 생명을 불어넣는 일을 합니다. 그렇다면 생명의 책인 말씀을 놓쳐서는 안 됩니다. 삶에서 받게 되는 힘들고 우울한 경험의 회복과 변화는 결국 하나님의 말씀과 그에 담긴 하나님의 위로와 사랑으로 가능하기 때문입니다.

이 책에서 저는 책을 읽는 모든 분들에게 말하고 싶었습니다. "우리 하나님께서 우리를 친히 위로하고 계십니다. 그러니 그 하나님의 사랑에 대한 애틋함을 아시면 좋겠습니다. 하나님께서 우리에 대하여 가지신 사랑이 얼마나 큰지 헤아릴 수 없답니다."

우리는 험난한 세월을 살아가면서 나도 모르게 눈물 흘릴 때가 많습니다. 이 책을 통해 조금이나마 하나님의 사랑과 위로하심과 긍휼히 여기심을 경험하실 수 있기를 바랍니다. 그래서 하루를 살아갈 힘을 얻고, 오늘도 잘해주실 하나님을 기대하며 자신을 따뜻하게 감싸고 위로하는 우리가 되면 참 좋겠습니다.

당신이 우아~한 이유

message2-2

우리가 누군가를 만나면 인사를 나눕니다. 인사는 사람의 첫인상을 결정짓기도 하고 인간관계를 유지하는 데 중요한 요소로도 작용합니다. 아무리 친한 사이라 하더라도 인사를 할 때, 인사를 껄끄럽게 한다면 오해가 생기게 되고 그 오해는 마음속에 부정적인 감정이 쌓이도록 합니다.

저는 사람들과 인사를 나눌 때 "사랑합니다." "우아~ 반갑습니다." 이렇게 하는데요. 이렇게 인사하는 이유는 만나는 모든 사람을 환대하고 싶어서입니다. 이런 인사를 하게 된 계기가 있는데, 그건 바로 성경 말씀 덕분입니다.

창세기 1장에 보면, 하나님께서 세상을 지으시고 보시기에 좋아 하셨다고 합니다. '좋아하셨다'는 히브리어로 '토브'라고 합니다. 이 단어 는 '환대하다.' '긍휼히 여기다.' 혹은 '안아주다.' '기뻐하다.' 등의 뜻으로 도 사용됩니다. 하나님께서는 세상을 지으시고 또 사람을 만드시고, "우 아~ 이야!" 이렇게 감탄하며 우리를 환대하셨더라고요. 이것을 깨달은 날부터 다짐을 하나 했습니다. '하나님이 우리를 지으시고 표현하셨던 것처럼 나도 이렇게 사람들을 환대해야겠다.'라고 말입니다.

우리가 하나님을 믿는 사람들이라면, 우리도 우리가 믿는 하나님 께서 세상을 만나고 바라보셨던 것처럼 우리도 그리해야 될 듯 싶습니 다. 그래서 그때부터 "우아~ 반갑습니다." "이야~ 사랑합니다."라고 인사 하기 시작했습니다.

그래서 우리가 만든 채널명도 '우아 이상억'이랍니다. 이 채널을 만들면서 '우와'가 아니라 '우아'라고 쓰잖아요. 먼저는 감탄사 '우와'를 보다 '우아'하게 실천하는 이상억이 되고 싶은 마음을 담았고요, 두 번째 론 '벗 우'友 그리고 '나 아'我 라는 뜻에서 방송을 보는 분들과 진실한 친구 가 되고 싶은 우리 마음을 반영하는 뜻에서 그렇게 이름을 붙인 것이랍 니다. 바라기는 이 채널을 통해서 친구처럼 함께 공감하고 함께 고민하 고 나누는 그런 이야기의 공간을 만들고 싶습니다. 그래서 힘든 세상 한 걸음 한 걸음 살아가며 서로가 서로에게 위로가 되는 그런 공간을 만들기를 소망합니다. 결국 '우아 이상억'은 우정 어린 이야기의 집을 짓는 채널입니다.

누구에게도 말하지 못한 이야기, 힘들고 지쳐서 가끔은 다 그만두고 싶다는 마음의 이야기를 솔직하게 나누며, 서로가 서로에게 힘이 되는 공간을 만들 수 있기를 바랍니다.

이런 공간을 만들고자 하는 이유는 당신이 아름답기 때문입니다. 하나님께서도 보시기에 참 좋다고 말씀하신 당신을 오늘도 환대합니다. "우아~ 이야!"

–

사람이 아름다울 수 있을까요?

message2-3

뉴스 매체나 신문 방송을 통해 보도되는 사건 사고를 통해 드러나는 우리 사회의 단면과 사람들의 모습은 때로 우리 마음을 무척 어둡게 합니다. 정신적으로 힘들거나 아픈 사람들이 참 많은 것 같다는 생각이 들기 때문입니다. 그래서일까요? '사람이 참 악하다.'라는 생각에 마음이 어두워집니다.

그런데 사실 살아있는 유기체로서 인간은 모가 난 존재일 수밖에 없겠다 싶기도 합니다. 왜냐하면 살아있다는 것 자체가 수없이 많은 경험을 할 수밖에 없다는 말인데, 날마다 좋은 경험일 수는 없을 테니, 여기저기 생채기가 생기는 것은 당연할 테고, 그러다 보면 좋지 못한 경험으로 양산된 모난 부분이 누군가를 아프게 하기도 하고, 자신마저도 힘들게 하기 때문입니다.

그래서일까요? 때때로 '나처럼 상처 많은 사람이 과연 누군가를 사랑할 수 있을까?' 하는 생각이 들기도 합니다. 반대로 '저런 모난 성격의 사람을 받아주는 사람이 있을까?' 하는 생각에 누군가를 잊고 싶어 합니다.

사람에 대해 지쳐서 더 이상 누군가를 만나거나 사랑한다는 것은 가히 불가능에 가깝다는 생각에 사로잡히기도 합니다. 그래서 '사람은 아름답지 않다.'라는 생각을 떨치기 어렵습니다.

그런데 제가 쓴 책 중에 『꽃보다 아름다운 사람 이야기』라는 책이 있습니다. 정말 제가 사람을 꽃보다 아름답다고 생각하느냐구요? 만약 그렇다면 사람에 대한 천진난만한 마음을 가졌기 때문일 텐데요, 사실 저 자신을 곰곰이 들여다보면 그렇지 않다고 생각합니다.

그렇다면 왜 그런 제목의 책을 썼느냐구요? 제가 사람이 꽃보다 아름답다고 책을 쓴 이유는 사람에 대한 단순한 무한 긍정의 이유 때문이 아닙니다. 솔직히 사람은 아름답지 않습니다. 세상을 살며 사람을 대할 때 그 관계 안에서 눈물지을 때가 많이 있고 한숨 쉴 때도 많이 있기 때문입니다. 그렇다고 제가 마치 전지적 시점에서 누군가를 평가할 만큼 완벽한 사람이란 말이 아닙니다. 누군가 자신을 볼 때도 탈이 많음을 깨달듯이, 다른 사람들의 모자람이 보이기 때문에 우리 대다수가 사람은 아름답지 않다는 말에 동의할 수 있지 않을까 싶습니다.

그런데 우리의 관점이 아니라 하나님의 입장과 관점에서 한 번 생각해 볼까요? 하나님의 생각은 성경에 잘 드러나 있는데요, 성경은 줄기차게 또 한결같이 하나님께서 사람을 사랑하신다고 말합니다. 물론 악에 물든 인간을 징계하시기도 하고 그릇된 길로 걸어가는 사람들을 혼내시기도 하지만, 결국 사람을 구원하시고자 하는 하나님의 사랑을 성경은 끊임없이 증언해 줍니다.

게다가 성경은 하나님께서 만물을 창조하시고 각자의 위치와 자리에서 각자의 역할을 감당하게 하셨다고 증언합니다. 만약 그렇다면 본래부터, 선천적으로 그 자리에 있어야 할 존재로 하나님께서 창조하시기도 했지만, 때로 후천적으로 그 역할을 감당할 사람으로 창조하시고 섭리하심으로 이끌기도 하지 않으셨을까요? 그렇다면 '하나님께서는 우리의 경험을 창조의 섭리로 사용하고 계시는 것은 아닐까?' 생각해 봅니다.

때로 우리는 다른 이의 어떤 모습이 마음에 안 들어서 '하나님께서 저 사람을 만드시느라 괜한 고생을 하셨지.'라고 생각하기도 합니다. 그래서 '하나님의 창조에 오류가 있었어.'하고 섣불리 판단하기도 합니다. 그러나 그것은 우리의 관점이고, 하나님은 그 사람도 필요한 존재라고 여기시는 것은 아닐까 싶습니다. 우리도 모르는 하나님의 계획과 생각에는 "그가 존재하는 것이 마땅해." 말씀하고 있는 것은 아닐까 말입니다. 설령 우리 마음에는 조금도 들지 않지만, 하나님은 그를 통해 하나님의 뜻을 이루시는 것은 아닐까요?

그렇다면 하나님의 입장은 세상에 존재하는 모든 것, 즉 하나님께서 창조하신 모든 것이 아름다운 것입니다. 그러니 천지를 지으신 하나님께서 "토브" 하셨던 겁니다. 다시 말해, 하나님께서 '우아~ 이야!' 하지 않을 것들은 세상에 존재하지 않는다는 겁니다.

책을 쓰며 하나님을 생각했습니다. 그래서 사람을 꽃보다 아름답다고 제목을 달게 된 것입니다.

그렇다면 우리가 어떻게 하나님의 생각과 관점으로 사람을 보고 또 세상을 볼 수 있을까요? 이 질문에 실마리를 주는 단어가 '믿음'이라고 생각합니다. 우리가 신앙을 갖는다, 또 믿음을 가진다고 하는 것은, 우리가 가진 다섯 가지 감각, 즉 오감이 아닌 또 다른 감각으로 세상을 느끼고 바라본다는 것을 뜻합니다. 저는 그런 감각이 하나님의 관점이고 하나님의 시선과 연결된다고 생각해요. 다시 말해, 믿음을 갖는 것이 하나님의 입장으로 세상을 이해하는 것이지요.

그래서 믿음을 가진 사람들은 오감만으로는 듣지 못하는 걸 듣고 보지 못하는 걸 보기도 합니다. 그래서 누군가에 대해서 또 어떤 일에 대해서, "하나님께서 지금 그를 통해 역사하고 계시는 거예요. 하나님께서 이 일을 이루실 겁니다."라고 말할 수 있는 것입니다.

그래서 우리는 날마다 하나님께 간구하는 것입니다. "하나님, 우리에게 믿음을 더해 주세요." 왜 이런 기도가 필요한가 하면, 그래야 사람의 생각에 매몰되는 것이 아니라 하나님의 마음을 조금이라도 이해할 수 있기 때문이지요.

　믿음이 있다면 우리는 고백합니다. 높은 산이나, 거친 들이나, 빈 들에서도, 또 초막에서도 우리 발걸음이 어디에 있더라도 "여기가 하나님 나라입니다."라고 고백할 수 있습니다. 마찬가지로 우리가 만나는 사람이 어떠하든지 내 눈에 비친 그의 모습 때문이 아니라 하나님의 뜻에 투영된 그의 모습을 기뻐하며 "우와!"하고 감탄할 수 있지 않을까요?

　설령 내 마음에는 안 들지라도, 나한테는 정말 원수 같은 사람일지라도, 또 다른 누군가에게는 따뜻한 사람일 수 있고, 그 누군가에게는 꼭 필요한 존재일 수 있을 테니 말입니다. 하나님의 의도와 목적이 무엇인지 가늠하긴 어렵지만, 하나님의 뜻으로 그 사람도 이 세상을 살아가고 있을 테니, 하나님을 믿고 그를 향해 아름답다고 외쳐보는 것이지요.

\-

거리두기가 오히려 편한 이유

message2-4

우리는 사람이니 어쩔 수 없이 공동체를 형성하며 공동체에 속해서 살아야 합니다. 그래서 '공동체 안에서 나는 어떻게 행동해야 하지?' 하고 고민하기도 합니다.

어떻게 하면 공동체 안에서 좀 더 건강한 관계를 이룰 수 있을까요? 그렇게 하려면 어떤 자세가 필요할까요?

선천적 기질이 되었건 사회공포증적인 성향이 되었건 혼자 살아가는 것을 딱히 힘들어하거나 어려워하지 않고 오히려 선호하는 사람들이 있을 수 있습니다. 하지만 태어나서 죽을 때까지 완벽하게 혼자로만 지낼 수 있는 사람은 존재하지 않을 것입니다. 그렇다면 언어도, 문화도, 문명도 필요 없겠지요? 아니, 이룰 수 없겠지요. 당연히 질서나 도덕, 철학도 없이 … 그러면 생각도 없이 살 수밖에 없는, 그냥 호흡하는 물체에 불과하지 않을까요?

그러므로 혼자 있는 것을 선호하는 것은 그야말로 선호의 문제이지, 아무도 없는 무인도에서 일평생 혼자 살고 싶은 사람은 존재하지 않을 겁니다. 그만큼 인간은 관계 안에서 자신을 발견하기도 하고 자신을 성장시키기도 하는 사회적 존재니까요.

사회적 존재로서 인간은 관계 안에서 상처받기도 하지만, 또 다른 이를 통해 힘을 얻기도 합니다. 그래서 사회학에서는 인간이라는 존재에 대해서 '관계하는 존재'라고 하지요. 결국 인간은 관계를 빼놓고는 생존할 수 없는 존재입니다.

혹 『넛지』*Nudge* 라는 책을 읽어 보셨는지요? 넛지는 '살짝 찌르다.' '옆구리를 툭 치다.'라는 뜻의 단어입니다. 자기가 할 수도 있고, 다른 이가 나에게 할 수도 있습니다. 어깨를 토닥이며 격려하기도 하고, 옆구리를 한번 툭 건드리며 친밀감을 표현하기도 하고 … 사람들은 이런 터치를 통해서 '내가 살아있구나!' '내가 이 공동체의 일원이구나!' '내가 이 조직사회에서 그래도 필요한 존재로구나!'라고 깨닫게 됩니다.

결국 관계는 필요한 것 같아요. 다만 관계가 어떤 사람에게는 많지 않은 게 더 좋을 수도 있고, 어떤 이들에겐 많아야 더 활력이 넘칠 수 있지요. 기질적으로 외향성이 강하고 활발하다면, 대인관계를 통해 에너지를 얻습니다. 그래서 거리두기와 자가격리 등이 달갑지 않지요. 답답하고 단절된 느낌의 삶에 대해 회의감을 경험하기도 합니다.

사람을 만나고 싶어 하지 않고 거리를 두는 것이 편한 이유는 아무래도 먼저는 우리의 선천적 기질과 경향성 때문일 겁니다. 혹은 대인관계에 대해 불편함이 크기 때문일 겁니다. 어쩌면 인간관계에 대한 상처가 있을 수도 있지요. 하지만 우리는 사회적 존재이기에, 우리는 부득불 관계를 형성하며 사회생활을 합니다. 그렇다면 어떻게 좋은 관계, 바른 관계를 만들 수 있을까요?

먼저 꼭 해야 할 다짐이 하나 있습니다. '다른 이에게 미움 좀 받아도 돼!'라는 생각이에요.

우리는 모든 사람에게 칭찬받을 필요가 없습니다. 모든 이들에게 인정받을 필요도 없고요. 내가 하는 일에 모두 성공해야 할 필요도 없고 나는 모든 일을 완벽하게 해야 한다고 생각할 필요도 없습니다. 솔직히 말하자면 우리는 절대로 그렇게 살 수 없습니다.

그러니 그냥 나는 나대로, 또 나답게 사는 거지요. 그냥 한번 말해보는 겁니다. "난, 나야!"라고 말입니다. 모자라도 부족해도 여전히 누군가의 미움을 받아도 "난, 나여서 괜찮아!" 외쳐보는 거지요. 그러니 좀 더 건강하고 바른 관계를 위해 우리는 미움 받아도 된다는 마음의 용기가 필요한 것 같아요.

그리고 나 자신의 모습대로 자연스럽게 살아가는 것입니다. 나를 절대 지지할 20%, 나를 증오할 만큼 싫어할 20%, 그리고 나에 대해 관심 없는 60%, 대략 그렇게 우리는 사회적 존재로 군집을 이루며 살아갑니다. 나를 절대 지지하는 사람들은 내 모습의 어떠함에 자기 생각을 바꾸지 않습니다. 그냥 내가 좋은 사람들이지요. 그 마음은 어쩌면 그들 자체이니까요. 나를 싫어할 사람은 내가 예쁜 행동을 하고 아름다운 마음을 가져도 싫어할 겁니다. 어쨌거나, "당신은 나를 욕하기 위해 태어난 사람"이니까요.

자기 자신으로 살아가는 것에 대해 좀 더 당당하고 씩씩한 우리가 되면 좋겠습니다. 그러면 눈치 보고 스트레스받는 관계에서 벗어나 좀 더 건강한 관계를 형성할 수 있을 거예요.

이런 이야기를 드리면 누군가는 이렇게 말할지도 몰라요. "교수님이 하시는 말씀이 옳고 맞는 말이지만 현실에서 과연 그렇게 살 수 있을까요?" 그런데요, 그냥 한번 창피해지기로 해요. 그냥 한 번 쪽팔리지요, 뭐. 그리고 나는 나대로 사는 거지요. 여행하듯 살아보는 거지요.

가까운 사람이 나를 통제하려고 하는 이유

message2-5

저와 함께 이야기를 나누고자 사연을 보내시거나 상담을 요청하시는 분들의 주된 주제는 '관계'인 것 같아요. 사회생활이란 언제나 관계 문제에 시달리게 하니까요. 때로 관계 안에 힘을 얻기도 하지만 관계 때문에 충돌하게 되고 갈등을 가지게 됩니다.

보내주신 사연들을 보고 또 상담하면서, "사회생활을 하며 우리를 힘들게 하는 사람들은 어떤 사람들일까?" 생각해 보았습니다. 그런데 공통점이 있더라고요. 그 공통점은 '통제'였어요. 나를 통제하려고 하는 사람을 만나면 참 힘이 듭니다. 자신만의 신념과 기준, 잣대에 나를 맞추려고 하는 사람들을 만나면 숨이 막히지요.

물론 기질적으로 누군가에 순종하며 순응하는 것을 편하게 느끼는 이들도 있습니다. 그래서 적절한 통제가 있다든지, 혹은 정해진 체계나 규칙이 있는 것을 선호하며, 그 규준과 준칙을 잘 따르는 기질과 성품을 가진 사람들이 있지요. 그런데 어떤 사람들은 다른 사람들의 규칙과 기준을 따르는 것을 부담스러워하며, 그 대신 오히려 자기 자신이 원하는 규칙을 만들고 어떤 규칙을 정하려고 하는 이들도 있답니다. 통제의 주도권을 내가 가지고자 하는 기질을 가진 사람들이지요.

그런데 반드시 깊이 생각해 보아야 할 것이 있답니다. 누군가를 지속적으로 통제하려고 하는 성향이 있거나, 통제당하려는 습성이 있다면, 단순히 기질을 넘어서서 자기의 심리 내부에 어떤 문제가 있는 것은 아닌지를 돌아보아야 한다는 것입니다.

우리는 흔히 "난 너를 사랑하기 때문에 내가 이렇게 너에게 관심을 두는 거야. 내가 너한테 관심을 두는 이유는 너를 배려하고 너를 존중하기 때문이야." 이렇게 말하며 "너 이거 해야지! 그다음에는 저걸 해야 해!"하며 누군가 무엇을 하도록 '조장'하며 통제하려고 합니다.

그런데 사실 그런 마음의 깊은 내면에 무엇이 있는가 하면, 어떤 불안이라든지 혹은 흔들리는 현재가 싫어서 생기는 걱정이 있습니다. 그래서 상대방이든지 현재 상황이든지 불신과 불안을 사랑과 관심이라는 이름으로 치장하며 통제하고 있는 것은 아닐까요?

사랑과 관심이라는 이름으로 누군가를 통제하려고 하거나, 통제 당하게 된다면 아마 우리는 얼마 못 가 깊은 상념에 빠져, 살아있으나 살아있다는 생각조차 하기 힘들어질지도 모릅니다.

좀 전에 '조장'이란 단어를 썼는데, 사실 '조장'^{助長}이란 단어의 한자만 보면 "도와서 크게 한다." "협력하여 성장시킨다."라는 뜻이어서 좋은 뜻 같지만, 사실 사전적 의미는 "바람직하지 않은 일을 더 심해지도록 부추긴다."입니다. 왜 이 단어가 부정적인 의미를 갖게 되었는지는 이 단어의 출처와 유래를 생각해 보면 이해가 됩니다. 이 단어는 『맹자』의 "공손추^{公孫丑} 상^上 "에 나오는 고사성어 '발묘조장'^{拔苗助長} 혹은 '알묘조장'^{揠苗助長}에서 유래되었습니다.

송나라에 어리석은 농부가 있었답니다. 자기 논에 나가보니 이웃 논의 벼가 더 많이 자랐다는 사실에 은근히 속이 상했답니다. 그래서 벼를 조금씩 뽑아 올려 이웃 논의 벼와 키를 맞췄답니다. 오후 내내 저녁까지 그 일을 하다 집으로 돌아온 어리석은 농부. 다음 날 아침에 일어나기 힘들어하는 그를 본 가족들이 물었답니다. "아니, 왜 그렇게 힘들어하세요?" "아니 어제 우리 논에 갔는데 이웃 논의 벼들보다 키다 작아 내가 다 뽑아서 키를 맞췄지." 아연실색을 한 가족들이 논에 가보니 이미 벼들이 다 누렇게 말라 죽어 있더랍니다.

그래서 '발묘조장'은 자기 생각대로 어떤 상황을 통제하려고 하면 할수록 그 상황이 나아지기는커녕 더 나빠질 수 있음을 경계하는 고사성어가 된 것입니다. 줄여서 우리가 이를 "누군가를 부추겨 과소비를 조장하지 마." "왜 사람의 탈선을 조장하고 그래?" 하며 부정적으로 사용하는 것입니다.

그런데 문제는 우리는 살아가며 통제 욕구가 강한 사람들을 만날 때가 많다는 것이지요. 통제 욕구가 강한 사람들과 건강하게 삶을 살아가는 방법은 무엇일까요?

통제하는 사람을 만나면 사실 굉장히 어렵습니다. 통제 욕구는 인간을 존중하지 못하는 태도를 보이게 하기 때문입니다. 따라서 인간관계 자체가 건강하게 되기 힘들지요.

나를 통제하려는 사람과 관계를 이어가려면 결국 우리는 그의 통제를 따라야 합니다. 그런데 그 관계가 건강할까요? 절대 그렇지 않습니다. 주종 관계가 형성된다는 것은 나와 너라는 인격적 관계이기보다 나와 그것이라는 비인격적 관계로 흐를 개연성이 훨씬 커지기 때문입니다.

그러니 통제당하는 처지에서는 아마 무척 괴로운 나날의 연속일 겁니다. 그러나 이때 용기를 내야 합니다. 분명하게 자기 의사를 밝히는 것이 필요합니다. "저는 당신의 통제가 부담됩니다. 비록 사랑하기에 또 관심을 두기에 저에 대해 조언한다고 생각하실 수 있지만, 저는 지금 통제당하고 있다는 느낌을 받기에 매우 힘듭니다." 분명하게 자기 의사를 전달하는 것입니다.

그런데 문제는 통제 욕구가 강한 사람은 대부분 잠시 주춤하더라도 그냥 무시하거나 잠시 시간을 뒀다가 다시 통제하려고 하므로, 이런 나의 노력이 무위로 끝날 때가 많을 것이라는 점입니다. 심지어 그가 더 강하게 나를 통제하려고 들기도 합니다.

그렇다면 그 관계를 처음부터 다시 한번 원점에서 바라보는 것이 필요합니다. 무슨 말인가 하면, 비록 관계가 끊어지더라도 용기 있게 통제 상황에서 벗어나려고 노력해야 한다는 것이지요. 그리고 설령 그래서 관계가 끊어지더라도 내 잘못이라고 자책하지 않으면 좋겠습니다. 그건 그 사람의 문제 때문이니까요.

'그러면 내가 받게 될 재정적인 피해와 성공 가도의 걸림돌은 어떻게 하나요?' 하는 생각에 또 다른 좌절감을 맛볼 수도 있습니다. 하지만 통제는 나를 나답게 살지 못하게 합니다. 누군가의 통제로 내가 나답게 살고 있지 못하다면 용기를 내보세요. '미움받을 용기' 말입니다.

돈과 성공 때문에 다른 사람의 통제에서 벗어나려는 노력을 하지 않는다면, 왜 우리가 돈과 성공을 위해 애쓰고 있는지를 생각해야 합니다. 결국 '행복' 아닌가요? 그렇다면 행복을 위해 통 큰 투자를 했다고 생각합시다. 신경안정제와 수면제 먹으며 버티며 살아가는 것보단 미움받는 것이 행복하지 않을까요?

–

사랑은 통제하는 게 아니에요

message2-6

살면서 끊고 싶은 마음이 들 정도로 힘든 관계들이 있어요. 그래서 용기를 내어 상황에서 벗어나려고 애써보기도 하고 자신의 마음을 달래보기도 하지요. 그런데 끊으려야 끊을 수 없는 관계들도 있습니다. 예를 들어 형제자매나 가족, 또 결혼을 통해 이어진 가족, 특히 시부모님이나 장인 장모님 … 가족이 나를 지속적으로 통제하려고 한다면 어떨까요? 너무 힘들겠지요?

상황을 벗어나는 것 자체가 어려울 때, 끊으려야 끊을 수 없는 관계로 묶인 상황에서 나를 힘들게 하는 사람들에 대해서는 '계절'과 같다고 생각하는 마음이 필요한 것 같아요. 예를 들어 여름이 되면 우리는 시원하게 옷을 입습니다. 겨울이 되면 따뜻하게 옷을 입지요? 마치 그런 것처럼 내가 처한 상황에 따라 그에 맞는 대처를 하는 거지요.

그런데 "더워도 너무 더워요. 또 추워도 너무 추워요. 그럴 땐 어떻게 하나요?"라고 이야기하시는 분들이 있거든요. 그럴 때는 감정적인 단절을 시도하는 것도 필요한 것 같아요. 여기서 말하는 감정적인 단절은 내 마음이 그의 말이나 행동에 의해 움직이지 않도록 자신의 마음을 닫아버리는 거죠. 그리고 미리 작성해둔 버킷리스트의 내용들 가운데 마음에 드는 한 가지를 골라 실행해 보는 겁니다. 친구를 만나는 것도 좋고, 좋아하는 취미 활동을 해도 좋습니다. 새로운 것을 배워 본다든지, 나만의 바다, 나만의 산에 잠시 들러 보는 것도 좋아요.

나를 통제하려 하고 힘들게 하는 사람이 나에게 자꾸 무엇인가를 얘기하면 감정의 골이 깊이 파이도록 내버려 두지 않고, 그냥 막막한 마음을 유리하면서 긍정적으로 답만 해주세요. "아! 네~" 이렇게요. 그냥 "아! 네~"하면서 감정적인 단절을 시도하는 거지요. 그리고 나는 내가 하는 일들에 몰두해 보는 겁니다.

그런데도 지속적으로 나를 괴롭게 한다면, 그리고 내가 더 이상 버티기 어렵다면, 그때는 전문가들을 만나거나 나를 관리할 수 있도록 도와주는 또 다른 사람을 만나 보시라고 권면하고 싶어요.

아예 관계를 정리하는 것도 때로는 필요할 것 같아요. 하지만 그것은 무척 큰 용기가 필요하겠지요? 하지만 살 수 없다면, 도저히 참아도 참아도 살 수 없는 상황이 온다면 차악을 택하는 것도 필요합니다. '통제당하고 있는 나 자신을 살리기 위해서 행하는 최소한의 생존을 위한 몸부림'이라고 생각하면 좋겠어요. 어떤 도덕이나 윤리적 잣대로 '내가 죽어야지. 내가 참 모자란 인생이야.'라며 자신을 학대하듯 자책하지 않으면 좋겠습니다.

반면에 통제의 욕구가 강한 사람들에게 이렇게 말해주고 싶어요. "당신의 통제 욕구를 다스리지 못한다면 반드시 피해자나 혹은 희생자가 생겨납니다." 그러니 권면하고 싶어요. "통제하고 싶은 마음이 들 때, 자신을 들여다보세요. 자신 안에 어떤 욕구가 있는지, 그 욕구는 어떤 상처나 경험으로부터 시작되는지, 또 자신 안에 어떤 불안이 있어서 그런 것인지를 꼭 생각해야 합니다."

이 세상을 살아가는 우리는 사람이기에 기본적으로 연약합니다. 또 죄성을 가진 인생이기에 욕구와 욕망을 쌓아가려는 경향을 가지고 있기도 합니다. 하지만 기억해야 합니다. '내가 모든 걸 통제할 수 있는 건 아니잖아요?' 그러니 생각해야 합니다. '왜 자꾸만 통제해야 한다고 생각하는지, 왜 그 사람이며 왜 그 상황인지'를 말입니다.

자신을 살펴보면 좋겠습니다. 자신의 마음에 어떤 이야기가 있는지, 어떤 아픔과 상처가 있는지를 들여다보는 거지요. 그리고 자신 안에 있는 풀리지 않은 숙제가 있다면, 어떤 콤플렉스가 있다면, 자기 자신을 토닥여 주는 것입니다. '너무 그러지 말자.' '괜찮아.' 자신을 토닥이며 자신을 살펴보는 시간을 꼭 가져보면 좋겠습니다.

전혜린 작가의 책, 『그리고 아무 말도 하지 않았다』와 동일한 제목의 책이 한 권 있어요. 전혜린 작가의 책보다 훨씬 먼저 쓰여진 책이죠. 하인리히 뵐Heinrich Theodor Boll, 1917-1985의 『그리고 아무 말도 하지 않았다』라는 책이 있습니다. 거기에는 보그너 부부 얘기가 나와요. 세계 대전이란 큰 전쟁 때문에 부부는 집을 잃었습니다. 그리고 아이도 둘이나 죽었어요. 남아있는 아이 셋과 함께 부부가 가난하지만, 열심히 살려고 했습니다.

그런데 워낙 큰 전쟁이었으니까, 모든 사람이 힘드니까 다시 일어서기가 쉽지 않았습니다. 너무너무 가난하게 살았거든요. 하루는 현실을 절망하던 남편이 술 마시다가 화를 내며 살던 단칸방을 나가버렸어요. 아내가 허드렛일도 하고 식당에서 그릇도 닦고, 그렇게 근근이 살아가는 형편이었는데 남편마저 무너지니 어떻게 살 수 있었겠습니까. 남편 역시 화를 내며 집을 나섰지만, 그도 딱히 갈 데가 없었어요.

몇 날이 지나 남편이 길거리를 걸어 다니는데, 굉장히 남루해 보이는 옷을 입은 어떤 여자가 꽃가게에서 꽃을 한 다발 사는 거예요. 남편이 생각했어요. '아니 저 행색에 웬 꽃이야? 빵을 사야지! 제정신이야?' 이런 생각을 하면서 남편은 어딘가를 향해 걸어가는 그 여자를 호기심에 따라갔어요. 어차피 자기한테는 시간도 많고 할 일도 없었으니까요.

그런데 그 여자가 공동묘지 안으로 들어가 어린이 묘역에 있는 조그마한 무덤에 꽃을 헌화하는 거였어요. 그 여자는 누구였을까요? 자기

아내였지요.

　자기 아내의 어깨에 손을 얹으며 남편 보그너는 생각했어요. '사랑은 무엇일까?' '어쩌면 사랑은 돈을 벌고, 좋은 집을 사는 것이 아니라, 힘들어하는 이의 손을 한 번 잡아주는 것 아닐까.' '누군가를 다그치며 어떻게 살라고 고함치는 것이 아니라 지친 그의 어깨를 다독여 주는 것이 아닐까.' '그의 어깨를 한 번 감싸며 "괜찮아."라고 말해주는 것 아닐까.'

　사랑은 누군가를 통제하고 관리하는 것으로 완성되는 것이 아닙니다. 그렇게 이룰 수 있는 것도 아니고요. 그저 함께 울고 함께 즐거워하는 것은 아닐까요? 정답을 주고 해결 방안을 말하기 전에 그냥 함께 있어주는 것, 그것이 사랑의 모습은 아닐까요.

　그렇게 사랑을 이루어가는 우리이면 좋겠습니다. 그런 세상이 정말 행복한 세상이 아닐까요? 좀 가난하더라도, 좀 모자라더라도, 그래서 많이 부족한 인생이어도 오순도순 알콩달콩, 사는 것이 우리를 사람답게 하는 것 같아요.

잔소리가 죄책감이 되어 돌아올 때

message2-7

저와 함께 '우아 이상억' 채널을 만드는 사랑하는 제자가 중고등부에서 사역하고 있는데, 부모님들의 큰 고민 중의 하나가 '잔소리'라고 하더군요. 아마 부모님들은 잔소리하면서도 잔소리하는 자신 때문에 죄책감을 많이 느끼시나 봅니다.

부모님들이 가진 애틋함과 안타까움은 충분히 공감이 갑니다. 모두 아이들이 잘됐으면 하는 마음에서였을 테니까요. 하지만 잔소리하다 보면 잔소리하게 된 사랑과 애틋한 마음은 사라지고 서로 상처를 주고받으며 결국 고함과 갈등, 다툼과 죄책감으로 끝이 나니 참 어려운 것 같습니다.

　　사실 부모님들이 오죽하면 잔소리하시겠어요? 저도 아버지라 그
런지 부모님들에게 좀 더 마음이 기울어지기도 해요. 아이들을 기르다
보면 진짜 속상하고 정말 마음 무너질 때가 많거든요. 때로는 한바탕 소
리도 지르고 싶고, 심지어 욕도 하고 싶어요. 어디 한두 번 말을 했어야지
요. 정말 인내심의 한계를 시험하는 상황이 자꾸 반복되니 그런 거지요.

　　저는 잔소리하고 죄책감에 시달리시는 부모님들에게 먼저 이렇게
위로하고 싶습니다. "괜찮습니다." "너무 괴로워하지 않으시면 좋을 것
같아요."

　　잔소리, 그 소리를 해야 하는 것이 어찌 보면 어머니들의 숙명은
아닐까요? 또 인류 역사는 그렇게 이루어져 왔던 것은 아닐까요? 그러니
까 십 년 전에도, 백 년 전에도, 아니 천 년 전에도 부모님들은 잔소리했
을 거예요. 그러니까 너무 가슴 아파하지 않으면 좋을 것 같아요.

　　그런데 문제는 잔소리가 내 마음속에 불을 자꾸 지핀다는 것입니
다. 화火는 불이지요? 잔소리하며 속을 태우고 끓이게 되는 겁니다. 그러
면 내 마음을 까맣게 태워 버립니다. 그러면 남는 것은 무엇일까요? 공허
감과 허탈감입니다.

　　그래서 아이들에 대하여 실망하며, '내가 이렇게까지 너를 생각하
며 에너지를 쏟아부었는데 돌아오는 거라고는 달랑 이거야?' 본전 생각
이 납니다. '나는 누구지? 내가 지금까지 뭘 한 거야?' 분노와 슬픔, 허무

와 공허감에 몸서리를 칩니다. 그러면 마음엔 병이 생기게 됩니다.

그러니 어머니 그리고 아버지, 여태 허튼짓을 한 것 같고, 속이 상하신다면 하늘을 한 번 쳐다보시면 어떨까요? 그리고 숨 한 번 크게 쉬어 보는 것입니다. 그리고 하나님을 생각해 보면 좋을 것 같아요.

우리는 하나님을 믿는 사람들입니다. 그러니 하나님께서 나보다 우리 아이들을 더 사랑하실 것이라는 사실을 믿음으로 꼭 고백해야 합니다. "기도하는 부모의 자녀는 망하지 않는다."라는 강단 격언도 마음에 되새겨 보는 것입니다. 그리고 이렇게 생각해 보세요. '내가 혹 하나님의 위치에서 내 아이들을 가르치려 했던 것은 아닐까?' '내가 모든 것을 해야 한다고 생각하고 살아온 것은 아닐까?' 사실 내가 마치 하나님이 된 것처럼 아이들을 통제하려고 한다면, 그리고 아이들의 자율성을 앗아간다면 그것이 '교만' 아닐까요?

하나님을 생각함으로 아이들에게 자신들이 결정하고 자신들이 선택할 수 있는 공간을 만들어 주세요. 사람이 마음으로 계획하지만 일을 이루시는 분은 하나님이시잖아요. 하나님께 사랑하는 아이를 의탁하는 것, 그것을 상담심리학에서는 '적당한 거리두기'라고 합니다.

부모로서 아이를 위해 한없는 사랑을 쏟아부어야 하긴 하지만, 때로 적당하게 거리를 두는 것도 필요해요. 나를 위해서도 말입니다. 그렇게 하면, 내가 건강해져요. 내가 건강해지면 그 건강함이 아이에게 그대로 전달되는 순기능도 경험하게 되실 겁니다. 반면 내가 속상하면 아이의 마음도 힘들어지겠지요? 가족은 그런 연대와 유대로 이루어져 있는 관계잖아요.

부모와 아이 사이에 적당하게 거리를 둔다는 건 아이의 성장을 위해서도 필요하고 엄마와 아빠의 정서 건강을 위해서도 필요합니다. 하지만 자꾸만 아이들에게 말하고 싶으세요? 이것도 말해주고 싶고, 저것도 당부하고 싶고…. 그때 하나님을 바라보세요. "하나님, 제 마음 아시지요? 도와주세요." 기도하시고는 아이들에게 이렇게 말해주세요. "우리 딸, 우리 아들을 하나님께서 잘해 주실 거야. 사랑해."

우리 그렇게 살아요. 적당하게 …. 넘치지도 모자라지도 않은 적당한 사람으로 살아요.

–

괜찮다가도 괜찮지 않은 마음,
'그래도 괜찮아요.'

message2-8

1년 전쯤에 해외로 이민 가신 분이 이렇게 말씀하는 것을 들었습니다. 새로 이민 간 그곳에서 나름 잘 적응하고 열심히 살아가고 있긴 한데, 문득문득 마음 한 가운데 우울감과 외로움이 찾아와서 하루에도 몇 번씩 마음이 오르락내리락한다고 하더라고요.

그리고 또 한 분은 자신의 이야기를 전해주었습니다. 아이가 아파서 장기적인 치료와 입원이 필요한데 하루에도 몇 번씩 좋았다가 나빴다가 힘들었다가를 반복하면서 긍정과 부정의 마음이 왔다갔다 한다고요.

살다 보면 하루에도 여러 번씩 마음이 좋았다가 때로 슬펐다가

Up and Down을 경험하지요. 왜 우리 마음은 이렇게 다양하게 바뀌는 것일까요? 특히 조울증처럼 급격한 마음의 변화는 왜 나타나는 것일까요?

첫 번째로 생각할 수 있는 것은 선천적인, 혹은 기질적인 요인이에요. 매사에 무덤덤한 사람이 있는가 하면, 사소한 일에도 신경을 많이 쓰는 사람이 있거든요. 그것처럼 우울 기질이 좀 더 발달해 있거나, 불안한 마음을 태생적으로 좀 더 가진 분들이 계세요.

두 번째는 신경학적인 혹은 내분비계의 문제가 발생했을 때 그럴 수 있다는 것입니다. 트랜스미터 Transmitter 라고 하는데, 즉 신경전달물질이 과다 분비되거나 과소 분비될 때 마음의 요동을 경험하게 되는 것이지요. 신경전달물질을 주로 호르몬이라고 부르기도 해요. 그래서 나이가 들수록 호르몬 관련 문제들을 경험할 때가 많습니다. 그렇기에 신경학과 내분비계의 문제를 노화와 생리학적인 측면에서 바라보기도 하는데요, 나이가 한 살 두 살 먹어가며, 점차 우리 몸이 예전과 같지 않다는 것을 느끼고 기능이 저하된다는 것을 경험하게 되지요. 즉 갱년기라 부르는 시기를 경험하게 되면 하루에도 수십 번 마음에 변화가 생기기도 합니다.

세 번째로 실제로 급격한 마음의 변화를 경험할 수 있는 상황에 부닥쳐 있거나, 혹은 '어떤 약물에 대한 부작용'으로 요동치는 우울증을 경험하기도 합니다.

마지막으로 생각할 수 있는 것은 가장 보편적인 부분이기도 한데요. 바로 '탈진'과 연결되었을 때입니다. 사람은 탈진해 있거나, 살아가면서 스트레스가 많은 상황에 놓이게 될 때 감정적이고 정서적인 기복을 경험할 때가 많습니다. 어떤 질병에 장기적으로 노출되어 있거나, 도저히 헤어 나오려 해도 헤어 나올 수 없는 상황이 반복된다면 스트레스가 이만저만 아닐 겁니다. 그때 우리는 정서적으로 급격한 기복을 경험하기도 합니다.

사람에게서 감정을 제거하는 것은 불가능합니다. 그러니 감정은 조절이 불가하지요. 그런데 사람들은 "감정을 조절해야 한다."라고 말합니다. 감정을 조절한다는 말은, 엄밀하게 말하자면 '감정에 의한 2차 행동이나 반응을 조절한다.'라는 의미입니다. 화가 나는 것은 어쩔 수 없지요. 하지만 화가 난다고 사람을 때릴 수는 없습니다. 슬플 수 있지요. 하지만 슬프다고 은둔형 외톨이로 살아서야 되겠습니까? 그러니 감정으로 인한 여러 가지 부정적인 모습들은 제어해야 합니다. 그것을 '충동 조절'이라고 하기도 합니다.

그렇다면 내 마음 같지 않은 내 마음, 오르락내리락하는 내 마음을 어떻게 다룰 수 있을까요? 더러 마음과 달리 가족에게 성질을 부리고 욕을 하고, 또 마음은 그렇지 않은데 하나님께 원망하고…. 이런 마음을 어떻게 다룰 수 있을까요?

저는 "그때는 산책하세요."하고 권면하고 싶습니다. 햇볕도 쬐고 하늘의 구름도 보고, 지나가는 바람의 감촉도 경험해 보는 것이지요. 나서기가 힘들 수 있어요. 그때 용기를 내보는 거지요. 일단 운동화를 신고 동네 한 바퀴를 돌아보는 것입니다.

이시영 박사님이 『세로토닌 하라』라는 책을 썼는데요. 그 책에서 '산책 호르몬'인 세로토닌을 말합니다. 길을 걷거나 산책할 때, 우리 몸을 유익하게 하는 호르몬인 세로토닌이 분비된다는 거예요. 그렇게 되면 아무래도 우리 마음이 좀 즐거워지죠. 그리고 '내가 살아 있구나!'하는 감각을 다시금 가질 수 있게 된다는 겁니다.

그리고 산책하게 되면 아무래도 햇볕을 많이 쬡니다. 햇볕을 쬔다는 것은 우리 몸에 꼭 필요한 비타민 D를 생성하게 하는 순기능으로 역할을 하기도 하지만, 햇볕이 사라진 밤에 우리 몸에서 꼭 필요한 호르몬 하나를 잘 분비하도록 돕습니다. 멜라토닌이라는 호르몬인데요, 이 멜라토닌이 부족하게 되면 사실 밤에 잠을 잘 자지 못하게 되거든요. 그래서 불면증을 경험하거나 수면의 질이 낮아지는 거지요.

사람이 잠을 잘 자고 수면의 질이 좋아지면 아침에 일어나서 일단 기분이 아주 좋아요. '상쾌하다!'라는 느낌이 들지요. 그러면 또 그 좋은 기분으로 하루를 열심히 살 수 있게 됩니다. 외부 활동을 활발하게 하지요. 그러면 또 좋은 기분으로 저녁을 맞고 밤을 보내게 되는 겁니다. 순기능이 반복되는 것이지요.

그리고 좋은 친구를 만나세요. 좋은 친구를 상담심리학에서는 '환기적 대상'이라고 불러요. 무엇이든 말할 수 있는 친구, 내 이야기를 자기 이야기처럼 들어 주는 공감 능력이 뛰어난 친구, 게다가 반응까지 좋아서 이야기할 때마다 신나는 친구, 그 친구를 만나는 겁니다. 그런데 문득 이런 생각을 하실 수 있어요. '이야기하는 것이 무슨 대수야?' 아니요. 그렇지 않습니다. 사회적 존재인 사람은 사람을 만나며 자신을 정리하기도 하고 에너지를 얻기도 합니다. 그래서 '내가 살아있다!'라는 감각을 회복 하는 것이지요. 그러니 나의 이야기를 들어주는 사람이 있다는 것은 나 를 살리는 힘이지요.

그러니까 이야기를 할 수 있는 친구가 있다는 것은 생명력을 증진 시키는 것이며, 생명 호르몬을 만들어내는 것입니다. 하루에도 우리 몸 에 있는 수많은 세포가 죽기도 하고 새로 생성되기도 합니다. 이를 관장 하는 것을 성장 호르몬이라 하는데요, 그 성장 호르몬이 잘 분비되면 우 리 몸의 구성이 원활해지지요. 면역도 좋아지고 세포도 잘 생성되어 노 화도 방지하고요. '내가 살아 있구나. 나도 살아도 되는 존재야!'라는 생 각에 절로 미소 지어집니다.

그런데 한 가지 문제가 있어요. 그런 친구가 도통 생각이 안 나는 거예요. 이거 참 난감한 일입니다. 하지만 여기에도 길은 있답니다. 먼저 바로 자신이 누군가에게 그런 좋은 친구, 환기적 대상이 되어주는 것이 지요.

운동선수들이 경험하는 것이기도 한데요, 러너스 하이 runner's high 라 고 하는 독특한 현상이 있습니다. 특히 마라톤을 뛰는 운동선수가 35km 지점을 통과하며 경험하게 되는 대단히 기분 좋은 경험인데요, 이는 엔 도르핀이라는 호르몬 덕택이지요. 이와 흡사하게 헬퍼스 하이 helper's high 라는 것도 있습니다. 누군가에게 좋은 친구가 되어주면 나타나게 되는 긍정적인 신체의 변화를 일컫는 말인데요, 세상에! 혈압과 콜레스테롤 수치가 떨어지고, 엔도르핀 분비도 세 배 이상 증가한다고 합니다.

좋은 친구가 되어주며 누군가를 품어주는 공간이 된다면 우리는 자신도 품을 수 있는 넉넉한 힘을 갖게 되는 것 같아요. 그러니, 만약 좋은 친구가 없다면 좋은 친구가 되어주세요! 그러면 좋은 친구를 만난 것과 같은 경험을 하게 될 겁니다. 그 따뜻한 경험으로 오르락내리락하는 내 마음, 잘 간수 할 수 있을 겁니다.

–

다시 일어서는 용기,
'회복탄력성'

message2-9

대학입시의 계절에는 마음을 졸이는 부모님들과 학생들이 참 많습니다. 입시가 끝나고 발표가 나면서 좋은 결과가 있는 사람과 기대했던 결과를 얻지 못해 실망하고 힘들어하는 사람들을 많이 봅니다.

한 청년이 참 공부를 열심히 했다고 하더라고요. 그런데 수능에서 실력을 제대로 발휘하지 못한 거예요. 그래서 한 번 더 입시를 준비하고 수능을 보았는데 원하는 결과를 얻지 못했어요. '조금 더 열심히 해보자!'라는 마음으로 1년을 참 열심히 달려왔는데, 이번에도 원하는 대학에 합격을 못 했으니 얼마나 힘들까요?

저는 그 청년의 말이 참 힘들게 느껴졌습니다. "제가 또 한다고 나아질까요? 최선의 노력을 했는데도 안 되는데, 다시 입시를 준비한다고 될까요? 제가 할 수 있을까요? 못할 것 같아요, 다시 시작하기가 너무 무서워요."

우리는 살아가면서 많은 문제를 경험할 때가 있고, 또 힘들고 어려운 순간을 경험할 때가 있어요. "문제가 없으면 산목숨이 아니야. 살아 있으니 당연한 게야." 싶다가도 감당하기 힘든 순간을 경험하게 되면 우리는 무너집니다.

그리고 그 문제를 자기 잘못으로 연결 지으려고 합니다. 그래서 수치심을 느끼기도 하고, 그 수치심을 죄책감과 연결하기도 하고, 자신의 삶을 아니 자기 자신을 부정하기도 합니다. '나에게 죄가 있어서 그럴지도 몰라. 하나님께서 나를 버리신 거야. 나는 세상에 존재하면 안 되는 사람이야.'라고 생각하면서 말이죠.

하지만 하나님은 우리의 그런 생각을 정말 원하지 않으세요. 속상한 마음에 하늘을 향해 "하나님이 나를 사랑하시면 나에게 좋은 일을 경험하게 해주셔야 하는 거 아니예요? 내가 그렇게 기도를 많이 하고 애를 썼는데 하나님이 나를 정말 사랑하신다면 내가 원하는 대학도 가고 내가 바라던 일들도 이루어져야 하는 것 아닌가요?" 항변하고 싶은 마음은 충분히 공감합니다. 그 마음은 자연스러운 마음이니까요.

그런데 그때 너무 섣불리 '내가 죄가 있어서 그런 거야.'라고 스스로를 옥죄지 않으면 좋을 것 같아요.

요한복음 9장에 보면, 나면서부터 장애가 있는 사람이 나와요. 사람들이 이 장애인을 데리고 와서 예수님께 물어봤어요. "예수님, 이 사람의 장애가 이 사람의 죄 때문입니까? 아니면 이 사람의 부모 죄 때문입니까?" 예수님께서는 이렇게 대답하셨어요. "이 일을 통해 하나님께서 하시고자 하시는 일을 나타내고자 함이다."하고요.

나면서부터 장애가 있는 그 사람은 어려서부터 그런 얘기를 참 많이 들었을 거예요. "네가 모르는 죄를 네가 하나님 앞에 지어서 그런 거야. 네 부모가 지은 죄가 많아서 그런 거야. 그러니까 네가 이렇게 된 거야."

사람들은 현재의 문제와 어려움을 죄라는 것과 등식으로 연결 지어 이야기할 때가 많아요. 하지만 예수님께서 말씀하신 것과 같이 다른 관점에서 우리의 문제와 어려움을 바라볼 필요가 있다고 생각합니다.

그러니 너무 섣불리 판단하거나 너무 정죄하듯 자기 자신을 코너로 몰고 가지 않았으면 좋겠어요. 어려운 일을 경험했을 때는 그 자리에 가만히 머물러 보면 참 좋겠어요. 어떤 이유를 찾으려고 하는 것이 아니라 그 자리에 머무르면서 자기의 아픈 감정을 찬찬히 하나님께 이야기해 보는 거지요. "하나님 제게 이런 아픈 이야기가 있어요…."라고 말이에요. 하나님께 지금 내가 느끼는 감정을 오롯이 표현하며 그 자리에 한 번 머물러 보는 것이지요.

사실 힘들어하는 사람을 만나, "하나님이 결국에는 좋은 날이 오게 하실 거야. 시간이 약이야." 우리는 그렇게 위로하기도 하는데, 그것은 적절한 위로가 되지 않는 것 같아요. 정말 힘들어하고 있는 사람들에게 그런 이야기는 사실 지나치게 피상적이거든요. 그러니 그럴 때에는 힘든 친구가 충분히 속상한 마음을 쏟아낼 수 있도록, 품어주는 공간과 환경을 만들어 주면 될 것 같아요. 다시 말해, 함께 시간을 보내고 또 함께 정서를 나누며, 아픔을 나누는 그런 따뜻한 친구가 되어주는 것이지요.

그렇게 아픔의 자리에 머물러 있다가 힘을 내 보면 좋을 것 같아요. 용기를 내서 집 밖을 나가 산책도 하고 운동도 하는 겁니다. 아파하는 감정, 힘든 감정에 매몰되어 있다 보면 다른 게 전혀 생각이 안 나거든요. 아무리 마음을 바꾸려고 해도 쉽지 않아요.

하지만 용기 내세요. 우리 몸을 좀 바쁘게 하는 게 필요해요. 고강도 근력운동도 해보는 것이지요. 등산도 하고 …. 지리산에도 가고 한라산에도 가고 …. 한번 생각해 보세요. 예전에 우리 부모님들이 힘들고 어려우면, 집 안 대청소도 하고, 빨래도 하고, 냇가에 나가서 방망이질도 하고 그러셨잖아요. 이런 것들이 하나의 좋은 화풀이 방법이 되거든요.

내 마음속에 있는 분노와 아픔, 슬픔과 무기력을 건강하게 한번 풀어보는 거지요. 이것을 전문적으로 상담심리학에서는 "표현 예술치료"라고 해요. 그래서 음악으로, 때로는 동작으로, 그리고 그림으로 자신의 이야기를 표현하는 것이지요.

기독교적 자원을 활용한다면, 찬송도 크게 불러보고, 기도도 하고, 하나님의 말씀을 앞에 두고 말씀을 묵상해 보기도 하고…. 그런 시간을 갖는다면 아마 지금의 어려움과 더불어 살아낼 수 있지 않을까요?

산다라고 하면, 우리는 절로 살아지는 거라고 생각하는데, 그게 아닐 때가 많거든요. "살아내야 한다."라는 다짐을 외치며 애를 쓸 때가 많은 것 같아요. 그때 단순히 '할 수 있다.'라는 다짐을 좀 더 건강하게 풀어가는 지혜가 필요한 것 같아요. 제안한 방법을 한번 해보세요.

그리고 아픔을 너무 빨리 정리하려고 하거나, 자책하지도 말아요. 죄책감이나 수치심도 잠시 거두고, 아픈 마음을 충분히 아파할 수 있도록 허락하는 마음이 중요한 것 같아요.

그리고 그 감정에 매몰되지 않도록 또 다른 방식에 몰두할 수 있는 용기를 가져보는 것이지요. 그러다 보면 "회복탄력성"이라는 것이 나에게 이루어진답니다. 전문가들이 말하는 회복탄력성을 경험할 수 있는 방법은 크게 두 가지랍니다. 자신의 아픈 이야기들을 여러 번 그리고 지속적으로 노출하는 겁니다. 이를 "장기노출"Prolonged Exposure 이라고 해요. 상담 전문가를 만나 자기의 아픔을 여러 번 반복적으로 얘기를 하는 거지요. 그리고 자신의 상처를 객관화하여 표현하도록 돕는 것을 말해요. 그리고 두 번째로는 운동하는 것이지요. "몸 튼튼, 마음 튼튼" 친숙한 슬로건이지요?

문제없는 인생은 존재하지 않습니다. 다만 우리가 만나는 문제를 어떻게 다루어 가느냐에 따라 우리는 명품 인생이 되기도 하고 그렇지 못한 인생이 되기도 하는 것 같아요. 우리 모두 지혜로운 명품이 되기로 해요.

소소한 일상에서 행복 찾기,
'소울 푸드'

message2-10

제자들과 대화를 하다가 이러한 질문을 받았습니다.

"교수님 저는 요즘에 뭔가 스트레스를 받으면 먹을 게 당기더라고요. 매운 음식, 자극적인 음식들이 생각이 나요. 특히 저는 평소에 치킨을 좋아하는데 스트레스를 받으면 치킨이 당기더라고요. 이러한 것들이 심리적인 것과 관련이 있을까요?"

우리는 스트레스 받으면 "커피가 먹고 싶다.""달달한 게 당기는

데?" "매운 게 생각나." 등 말을 하곤 합니다. 스트레스를 받으면 무언가 먹어서 해소하고 싶은 생각, 이를 심리학에서는 '퍼포먼스 증후군'Perfor-mance syndrome 이라고 합니다.

연극이나 공연 후 뒤풀이를 하지요? 아니 그런 시간을 우리는 갖고 싶어 합니다. 사실 그 연극을, 그 공연을 준비하느라 얼마나 힘들었어요. 그것을 한두 시간 안에 다 쏟아내고 나면 시원섭섭한 감정과 함께 자랑스러운 마음과 후회가 되는 마음, '좀 더 잘했어야 하는데' 하는 심정까지 만감이 교차합니다. 이때 느껴지는 허탈감과 상실감, 허전함을 해소하기 위해 우리는 뒤풀이를 합니다.

뒤풀이는 아무래도 먹는 것이지요? 그래서 치킨도 먹고, 떡볶이도 먹고, 순대도 먹고 …. 그래서 밤에 실컷 먹고 배가 부른 상태로 귀가합니다. 뭔가 허전한 마음을 그렇게 달래는 것이지요.

자신을 위로하고 허탈한 마음을 채우는 데에 도움을 주는 자신만의 음식을 사람들은 '소울 푸드'soul-food 라고 합니다. 소울 푸드를 먹으면서 위로를 얻고 자신이 살아있음을 확인하는 것입니다.

저에게도 '소울 푸드'가 있어요. 떡볶이, 순대, 매운 것 … 좀 더 어릴 때는 그런 것 많이 먹었는데요, 나이를 먹어가며 신체 기능, 특히 소화 기능이 떨어졌어요. 그래서 예전의 소울 푸드가 저를 힘들게 하더라구요. 그래서 나한테 맞는 '소울 푸드'가 뭘까를 고민하다가 제가 차를 좋아한다는 것을 알게 되었어요. 따뜻한 차를 마시면 참 좋아요. 생각도 정리되고요. 차를 마시면서 뱃속도 따뜻하게 되니, 내 안에 뭔가 그득하게 채워지는 느낌도 들더라고요.

와인을 감별하고 추천하는 분들을 '소믈리에'sommellerie 라고 합니다. 저는 자칭 '허브티 소믈리에'라고 하는데요. 저만의 취미 활동입니다. 저는 허브차를 좋아해요. 그런데 허브차도 정말 종류가 많은 거예요. 그래서 하나하나의 허브차에 와인 소믈리에처럼 이야기를 섞어보았어요. 예를 들어, 페퍼민트 차를 마시면 시원한 바람을 맞으며 어느 바닷가를 걸어가는 느낌이 들어요. 그리고 라벤더 차를 마시면 어떤 열정적인 사랑에 빠지는 느낌이 들어 정신이 혼미해지는 것 같아요. 카모마일 차를 마시면 따뜻한 아랫목에 몸을 녹이는 느낌을 받지요. 로스 힙을 마시면 아주 상큼하고 맛있는 과일들이 가득한 과수원을 거니는 느낌이 듭니다. 로즈마리는 새벽녘 나뭇잎에 달린 이슬방울 같은 상큼함을 느껴요. 또 레몬밤을 마시면 재미있다는 느낌을 갖지요. 마치 길거리 카페에 앉아 지나가는 이런 사람도 보고 저런 사람도 보는 그런 느낌이 듭니다.

물론 저만의 느낌이고 해석이지요. 그런데 저만의 해석이고 느낌이면 어떤가요? 내 마음이 채워지고 그득해지는 것을 느낀다면 그것이 소울 푸드인 거지요.

가끔 저는 티 블랜딩도 해요. 그래서 이것 조금, 저것 조금 넣고, 어떤 맛이 될까? 시험도 해보고 그 맛에 재미있어하기도 합니다. 마시는 차가 허브 차이다 보니 밤에 잠도 잘 자는 거 같아요. 그리고 소화 장애도 예방하구요. 먹을 때도 행복하고 먹고 나서고 개운해요.

책을 읽는 여러분들께도 여쭤보고 싶어요. "당신만의 소울 푸드는 무엇인가요?" "그 음식을 생각하면 내 마음이 달래지고 채워지는 것은 무엇인지요?" 한 번 선택해 보세요. 자신에게 유익한 것으로 말입니다. 삶을 살며 먹는 것만큼 삶을 즐겁게 하는 것이 없다는 생각이 들 정도이니 자신만의 소울 푸드로 삶을 위로해 보는 것도 좋을 것 같아요.

혹 아무 생각 안 나세요? 그러면 저처럼 허브차, 어때요?

목회상담이 무엇인가요?

message2-11

요즘 상담에 대한 관심이 많이 늘어나고 있습니다. 마음이 힘드신 분들은 자발적으로 상담받기도 하고, 주변에 힘든 문제들로 아파하시는 분들이 계시면 "상담 받아 보세요."하고 권유하기도 하지요. 상담에 관심이 많아지면서 가끔 저에게 이러한 질문을 하는 학생들이 있습니다.

"교수님! '일반상담'과 '목회상담'이 뭐가 다를까요?"

일반상담과 목회상담이 다른 아주 분명한 차이는 전제 자체가 다르다는 점입니다. 일반상담에서는 상담가의 전문성이 상담의 전 과정에 굉장히 중요한 요소로 작동을 합니다. 찾아온 내담자의 주 호소 문제를 전문적으로 다루어 줄 수 있는 능력이 있어야 하기 때문인데요, 그래서 상담자는 임상의 전문가가 되어야 합니다. 그야말로 상담의 성패가 이 상담자에게 있다고 해도 과언이 아니지요.

그런데 목회상담은 상담의 전 영역에서 하나님을 인정하는 것을 아주 중요하게 생각합니다. 물론 목회상담에서도 상담가의 전문성은 대단히 중요합니다. 하지만 더불어 생각하는 것이지요. '상담자인 내가 아무리 능력이 있어도 하나님의 능력보다 클까?' '사람을 지으시고, 사람을 창조하신 하나님이시기에 인간에 대하여 그 어떤 존재보다 가장 능력 있는 전문가가 아니실까?' 그래서 상담의 전 과정에서 하나님을 인정하고 하나님께 의지하는 것입니다. '하나님, 도와주세요.'하고 기도하는 것입니다.

그래서 목회상담은 상담의 전 영역에서 상담자가 가지고 있는 권위를 언제든 내려놓을 준비가 필요합니다. 심지어 상담이 술술 풀린다고 할지라도, '하나님, 제가 지금 바른길로 가고 있는지요? 하나님 저를 깨우쳐주세요.'하고 하나님을 생각하며 하나님께 간구합니다.

그리고 여담입니다만 상담에 관심이 있으시다면 드리고 싶은 말이 하나 있습니다. 상담하다 보면 상담받다 변화된 자신이 너무 기뻐 본인도 상담을 공부하고 싶다는 표현을 하시는 분들이 계시거든요. 정말 감사한 일입니다. 그렇게 하게 된 공부는 분명한 목적과 사명으로 하게 된 것이어서 누구보다 성실하게 열심히 공부할 것으로 생각합니다.

　　그런데 자신의 문제를 자신이 지혜롭게 다룰 수 있을 때까지, 다시 말해, 자신의 문제를 다룰 수 있는 역량을 갖출 때까지 상담 공부를 미룰 필요가 있다는 것입니다. 왜냐하면 상담 공부는 결국 자신의 문제 해결만을 위해 하는 것이 아니라, 자신의 문제도 해결하지만 다른 사람들을 회복시키고 성장시키며 살려야 한다는 소명과 사명으로 하는 것이거든요.

　　그러니 상담을 공부할 때는 자신을 돌아보아야 합니다. 그리고 부족한 부분이 있다면 학교 등록금으로 공부보다는 상담을 계속 받는 것이 더 좋아요. 오해하진 마세요. 가끔 그런 생각 하거든요. '저 사람은 치료가 필요한데 상담을 공부하고 상담을 가르치네?' 그러니 상담 공부할 때는 자기를 어느 정도 돌본 뒤에 공부하는 것이 좋을 것 같아요.

　　그리고 한 가지 더! 사랑하는 제자가 저에게 이렇게 물었습니다. "교수님! 목회상담하면 먹고 살 수 있나요?" 제가 이렇게 답했습니다. "먹고 살 수야 있죠. 풀떼기만! 하지만 요사인 풀떼기도 비싸지요? 그러니 먹고야 살지만 굶지 않는 정도지요." 농담처럼 이야기했어요. 그런데 솔직히 마음속으로는 이렇게 말하고 싶었어요. '사실 잘 못 먹고 살아요. 목회상담 공부하면 돈 못 벌어요. 교통비나 조금 벌 수 있나? 미안해요.'

3부

삶이 묻고 목회상담이 답하다

–

나를 찬찬히 들여다보기[5]

희망을 찾아 자신을 들여다보기

우리는 누구를 막론하고 어떤 책임을 갖습니다. 그 때문에 신체적, 영적, 정신적인 탈진을 경험할 수밖에 없습니다. 특히 목회기독교 상담가들은 말과 행동에 대한 일치를 엄중히 요구받기에 탈진은 좀 더 쉽게 찾아옵니다. 그렇다면 상담자인 우리는 어떻게 자신의 정신건강을 이룰 수 있을까요?

우리는 목회상담가입니다. 우리는 자신의 정체성을 특별한 소명과 사명에서 찾습니다. 소명과 사명은 경험한 개인에게는 대단히 의미심장한 일이지만, 종교심리학의 관점에서는 일종의 종교적 환각ecstasy 경험입니다. 말로 표현하기 어려운 어떤 신비한 경험을 지극히 주관적인 개인의 해석으로 풀어내기 때문입니다. 따라서 이를 객관화 하거나 보편적 통계로 나타내기란 거의 불가능합니다. 그 때문에 상담가의 정체성은 심리학이라는 사회과학적 관점에서는 일견 병리적으로 해석될 수도 있습니다.

실제로 하등종교에서 무당Shaman 은 자신의 정체성을 강신이나 접신을 통해 찾는데, 이를 정신병리학에서는 히스테리성 분열증이나 망상으로 봅니다. 그래서 고등종교에서는 개인의 신비적 혹은 계시적 경험을 학문적 틀에서 해석하려고 노력하는 것입니다. 변증적 방법을 통해 개인의 주관적 신비 경험을 분별하고, 지나친 신비주의적 경향을 지양하는 것이지요. 그래서 일반 대중에게도 다가설 수 있는 학문적 접근성을 확보하려고 합니다.

우리 기독교의 예를 들어볼까요? 신비한 신앙 경험을 신학으로 정제합니다. 다양한 세미나와 강의, 성경 공부 등의 과정을 통해 신앙을 신학적으로 조명합니다. 그래서 단순히 신비한 신앙 체험에 머무는 것이 아니라, 성숙한 신앙인이 되는 길을 신학적 탐구에서 찾곤 하는 것입니다.

바로 이러한 관점에서 목회상담자는 자신의 정체성을 신학적 조명과 해석으로 검증해야 합니다. 그렇지 못하면 자신이 가진 전문성에 영적인 교만이 더해져 만나는 내담자들을 조장하거나 비인격적으로 대할 개연성이 커집니다. 이 때문에 성적인 문제를 일으키거나 사회에 물의를 일으키는 행동을 하기도 하는 것입니다.

예수 그리스도는 세상과 인류의 희망입니다. 그리고 목회상담가는 그 희망의 에이전트입니다. 희망의 에이전트로서 목회상담가는 탈진과 신비주의에 함몰되어서는 안 됩니다. 건강한 신학과 자기 돌봄을 통해 세상에 희망을 전달해야 합니다. 정말 중요한 이 소명과 사명을 어떻게 이루어갈 수 있을까요? 한 가지 답변을 드리고자 합니다.

건강한 신학으로 자신을 들여다보기

신약성경 누가복음 18장 9-14절에는 기도하는 바리새인과 세리의 모습이 예수님의 비유로 기록되어 있습니다. 당시 바리새파 사람들이 가진 신앙의 모범을 따라 그 바리새인은 이렇게 기도했습니다. "나는 이레에 두 번씩 금식합니다. 십일조도 합니다. 불의, 토색, 간음하는 저 세리와 같지 아니함을 감사합니다[11-12절]." 하지만 세리는 이렇게 눈물로 간구했습니다. "하나님, 저는 죄인입니다. 저를 불쌍히 여기십시오[13절]."

바리새인의 기도를 한마디로 표현하자면 "to have"의 기도라고 할 수 있습니다. "저는 금식하는 믿음도, 십일조 하는 헌신도 갖고 있습니다. 불의하지 않는 정직과 토색하지 않는 진실함, 간음하지 않는 순결함을 갖고 있습니다." 그의 기도에는 자신이 얼마나 거룩하고 온전한 존재인가에 대한 자부심이 담겨 있습니다. 구별된 삶을 살고자 했던 바리새파 사람들은 하나님께서 거룩하라고[레 11:45], 또 완전하라고 하셨으니[신 18:13], 613가지의 율법을 모두 지키면 인간의 유한함을 극복하거나 넘어설 수 있다고 생각했습니다. 그래서 그들은 율법을 지키지 않는 사람들을 무시하거나 정죄했던 것입니다.

반면 세리의 기도는 "to be"의 기도였습니다. 자신의 존재를 하나님 앞에서 가감 없이 솔직하게 드러냈던 것입니다. "주님, 제가 여기에 있습니다. 죄인입니다. 저를 불쌍히 여기십시오." 가슴을 치며 기도했습니다. 물론 세리는 죄인이었습니다. 바리새인의 기도로 유추하건대, 그는 불의, 토색, 간음한 사람처럼 보이기도 합니다. 그러니 스스로를 죄인이라 고백하는 것은 어찌 보면 당연하지요.

그런데 예수님은 "저 바리새인이 아니고 이 사람세리이 의롭다고 하심을 받고, 그의 집으로 내려갔다."라고 선언했습니다. 도대체 왜 예수님께서는 바리새인이 아닌 세리를 의롭다고 하셨던 것일까요? 이를 이해하기 위해 하나님께서 자신의 이름을 무엇이라 말씀하셨는지를 살펴볼 필요가 있습니다.

불붙은 떨기나무 가운데 하나님은 모세를 만났고, 자신의 이름을 가르쳐주셨습니다출 3:4. "나는 스스로 있는 자"I am who I am 라고 말씀하셨습니다출 3:14. 이를 원문의 뜻을 담아 의역하자면, "나는 여기에 있다."입니다. 히브리인들은 하나님을 죽어서 만날 것이라고 생각했습니다. 그래서 하나님을 만나면 곧 죽은 목숨이라고 생각했던 것이지요. 그랬기에 모세 역시 두려워하며 얼굴을 가렸습니다출 3:6. 게다가 모세는 자기 혼자서 절대 권력자였던 파라오에게 가서 백성들을 구해야 하는 줄 알았습니다. 그래서 모세는 대언자출 4:10-14도, 하나님의 능력출 4:1-9도, 하나님의 이름출 3:13도 요청했던 것입니다.

이름을 구하는 모세의 불안에 대해 하나님께서는 이렇게 대답하셨습니다. "나는 여기 있다." 이 말씀은 "나는 여기에 존재하는 하나님이야! 네가 거기 가면 나도 거기 가겠고, 네가 여기에 있으면 나도 여기에 있을 거야. 네가 어디를 가건 그곳에 있어!"라는 의미로 이해할 수 있습니다.

더 나아가 하나님께서는 모세에게 "나는 아브라함의 하나님, 이삭의 하나님, 야곱의 하나님이다."라고 말씀하셨지요출 3:15. 이것은 모세의 생각을 뒤집는 하나님의 답변이었습니다. 죽어서 만날 하나님만을 생각하지 말고 살아서 만나는 하나님, 즉 언제나 우리와 함께하시는 하나님이심을 알면 좋겠다는 하나님의 마음이 담긴 말씀이라는 것입니다.

우리 하나님께서 "나는 여기에 있다."고 하신다면, 우리도 "I am!" "저도 여기에 있어요."라고 고백해야 하는 것은 아닐런지요? 이것을 저는 '자기 발견'이라고 부르고 싶습니다. 하나님이라는 진리의 빛 앞에 자신의 모든 것이 투명하게 드러나는 경험을 하는 것이지요.

예수님은 세리를 "의롭다"고 말씀했습니다. '의롭다'는 단어의 헬라어 원문 표기는 '디카이오쉬네'δικαιοσύνη입니다. 성서적으로 살펴볼 때, 이 단어는 '거룩'과 '완전'이라는 단어와 혼용되어 사용되거나, 짝을 이루며 동격으로 표현될 때가 많았습니다눅 1:75; 엡 4:24; 롬 3:25, 6:13, 16, 18-20; 고전 1:30; 고후 6:14; 엡 5:9; 딤후 2:22, 4:8; 벧후 2:5, 21; 요 16:8-10; 롬 3:5; 갈 5:4; 히 11:7.

따라서 예수님께서 세리에게 의롭다고 말씀하신 것은, 그를 거룩하거나 완전한 존재라고 인정하셨다는 것으로 이해할 수 있는 것입니다. 이것은 일반 상식을 뒤집는 것인데요. 흠과 결격 사유가 없어야 거룩해지고 완전해진다고 생각하는 것을 뒤집으신 것입니다. 오히려 인간의 죄성과 한계, 유한함에 대한 진실한 고백이 인간을 의롭게, 또 거룩하고 완전하게 한다는 것을 말씀하신 것이기 때문입니다.

유한한 인간이 절대자인 하나님 앞에서 자신의 유한함을 깨닫지 못하는 것은 교만이며 곧 죄입니다. 그것은 의로운 모습도, 거룩하고 완전한 모습도 아닙니다. 그러므로 하나님 앞에서는 언제나 우리 자신의 한계와 유한함이 뼈저린 고통으로 자각되어야 하는 것입니다.

"세리가 의롭다."라는 주님의 선언은 세리가 경험한 은혜의 경험이었습니다. 하나님 앞에서 아무것도 아닌 존재임을 깨닫는 것만으로도 '의롭다'고 칭해주시는 칭의稱義의 은총을 경험했다는 것은 신학적으로 말하자면 '신적 수용'의 경험입니다. 이 '신적 수용'의 경험이 자신에 대한 수용의 경험으로 환원되는 것입니다. 즉 '하나님께서 나를 인정하셨는데 내가 나를 인정하지 않을 수 없다.'는 것이지요.

자기를 받아들이는 순간 우리는 자신을 개발할 수 있습니다. 사도행전 2장에서 사도들, 특별히 베드로의 설교를 들은 사람들은 마음에 찔렸어요. 자신의 실체를 경험했던 것입니다. 그리고 주님의 은혜를 경험한 사람들은 "어떻게 해야 하겠습니까?"행 2:37 라고 물었던 것입니다. 이를 신학적으로 '자기 계발'이라고 합니다마 25:14-30. 즉 회개를 통한 성장이 이루어지는 순간이지요. 그렇다면 건강한 신학으로 자신을 들여다본 이후 우리는 어떻게 '자기 계발'을 이어갈 수 있을까요?

내관^{Introspection} 을 통해 자신을 들여다보기[6]

저는 여러분께 내관을 소개하고자 합니다. 내관은 그 역사가 오랜 기독 전통 안에 있는 것으로 자기성찰^{self-examination} 혹은 내적성찰^{內的省察} 이라고 불리기도 하는 일종의 자기 발견과 계발을 위한 한 방법론입니다.

또한 내관이라는 말이 의미하는 바와 같이 자신의 내부를 솔직하게 분석하는 심리학적이며 기독교 상담적인 자기관리의 한 방향이기도 합니다.

내관은 인간 감정을 세속적으로 생각하여 터부시하거나 외면하지 않고 오히려 인간이기에 느끼는 감정들을 통해 심리구조의 심연에 접근하고자 하는 것인데요. 이러한 점은 기독교 영성훈련 가운데 널리 알려진 향심기도나 관상기도의 접근 방식과 비슷하기도 합니다. 하지만 감정에 대한 인식 부분에서는 영성훈련과 견해 차이가 있습니다. 영성훈련은 인간의 경험과 감정을 중요하게 인정은 하지만 결국 흘려보내야 할 것으로 생각합니다. 그래야 하나님께 집중할 수 있다고 여기기 때문입니다.

하지만 내관은 실존의 감정과 느낌, 경험과 정서를 아무리 떠나보내려 애쓰고 노력해도 그럴 수 없을 것이라는 인간의 실존적 한계를 부정하지 않습니다. 아무리 대단한 수행과 훈련을 거듭해도 적어도 그가 사람인 이상 기쁘고 즐겁고, 혹은 화가 나고, 슬프고, 답답함을 느끼는 감정을 통제할 수 없다는 한계를 인정합니다. 바로 이러한 실존적 인식에 기초해서 내관은 인간 감정을 흘려보내지 말고 오히려 붙잡으라고 말합니다.

행복하고 즐거운 감정이라면 다시 떠올리기는 어려운 일이 아니겠지요? 하지만 끓어오르는 분노와 참을 수 없는 슬픔의 감정이라면 차라리 단기 기억상실증에라도 걸려 다 잊어버리고 싶은 것이 인지상정, 우리의 마음입니다. 하지만 그 감정이 우리를 얼마나 힘들게 하든 그 감정들에 집중해 보는 것입니다. 그리고 끊임없는 질문으로 자신에게 있는 감정의 심층적 기원을 찾아보는 것입니다. 이것을 내관이라고 부릅니다.

예를 들어, 부부싸움으로 화가 난 상태를 생각해 보겠습니다. 분노가 가득한 상태에서 내관을 하는 것은 불가능에 가깝습니다. 그때는 감정에 대한 2차 반응인 행동을 통제하도록 노력해야 합니다. 그리고 분노가 어느 정도 가라앉으면, 분노를 외면하거나 흘려보내는 것이 아니라, 분노라는 해당 감정을 붙잡고 찬찬히 들여다보는 것입니다. '왜 화가 나는 것일까?' '배우자의 행동과 말 때문에 화가 났는데, 왜 그의 행동과 말에 화가 나는 것일까?' '그의 행동과 말에 무시당했다는 생각이 들었다. 왜 나는 그런 행동과 말을 들었을 때 무시당했다고 생각하는 것일까?' '무시당하면 안 되는가?' '왜 나는 무시당하면 기분이 나쁜가?' '내가 좀 더 어렸을 때, 무시당했다고 느꼈던 적이 없었는가?' '왜 지금 그 사람이,

혹은 그 장면이 생각이 날까?' '그 사람은 혹은 그 상황은 내게 어떤 의미일까?' '그에게, 혹은 그 상황에서 내가 하고 싶은 말은 무엇이었을까?' '왜 나는 억울할까?' 등등.

원활한 내관을 위해 앞의 예처럼 질문들을 적는 것은 대단히 중요합니다. 이를 내관 글쓰기 Introspective journal 라고 하는데요, 첫째, 감정을 찬찬히 들여다보기 위함이며, 둘째, 지나치게 산만한 생각으로부터 자신을 지키기 위함이고, 셋째, 자신의 감정의 모호한 근원을 구체화하기 위함입니다. 질문에 대한 답은 마음속 생각을 깊게 하면 됩니다. 그러다 그 생각에 기초하여 또 다른 질문을 만들어 적어 보는 것이지요.

이렇게 내관을 40분 정도 진행합니다. 아마 그때쯤 되면 내관을 더 이상 진행하고 싶지 않을 겁니다. 심리적으로 방어기제의 활동이 거세질 테니까요. 그때는 내관을 굳이 이어갈 필요가 없습니다. 나중에 그와 같은 감정이 또 생겨날 것이기 때문인데요. 이미 써 놓은 내관 글쓰기에 이어서 작성할 수도 있고, 새롭게 시작할 수도 있습니다. 하지만 이미 내관 글쓰기를 통해 자신의 감정이 어느 정도 구체적으로 분석되었기에, 해당 감정은 더 이상 모호함의 안개에 덮여 있는 것이 아니게 됩니다. 따라서 이후에 이어지는 비슷한 감정에 대한 내관은 더 깊이 자기를 들여다보는 여정으로 이끌게 할 것입니다.

내관을 통해 자신을 점유하고 있는 감정을 심층적으로 분석하게 되면, 그 감정이 자신의 전숲 생애의 경험에서 기인한 것임을, 혹은 의식하지 못하고 살았던 무의식의 영역까지 이어져 있는 것임을 알게 될 것입니다. 심리학적 말하자면 이런 경험으로 인해 파생되는 느낌을 "정화"catharsis 라고 합니다. 어떤 후련한 느낌이지요. 그러나 단지 후련함이기보다는 심리적인 수축deflation 이 이루어지는 현상, 즉 응집체cathexis 로 모여든 충동들이 재파편화refragmentalization 되는 현상으로 나타나는 일종의 해소 경험입니다.

목회상담과 신학의 차원에서 말하자면 내관은 다양한 감정들을 분석하며 그 감정들을 통해 자신을 발견하며, 더 나아가 자신을 사랑하는 하나님의 은총을 경험하는 방법론입니다. 물론 내관은 칼 융Carl Gustav Jung 이 말하는 "밤의 항해"Voyage in Night 처럼[7] 내관을 하는 사람을 깊은 무기력과 실망에 이르게 할 수도 있습니다. 자신이 직면하고 싶지 않았던 감정들을 분석하기 때문입니다. 그러므로 내관은 자신의 감정에 대한 내적 성찰을 통해 마음의 평정을 찾고자 함이 아닙니다. 오히려 고통에 참여하고자 하는 몸부림일 수 있습니다. 사막교부들이 생명을 찾기 위해 죽음의 땅으로 향했던 것처럼, 고통을 찾아가는 여정이기도 한 것입니다. 그러나 역설적으로 고통의 한가운데에서 하나님의 은혜를 경험하게 될 것입니다. 때와 시점은 약속할 수는 없지만, 혼란과 어두움이 창조주 하나님께서 창조를 이루시는 선결 조건과 같은 상황창 1:1-5 이기에 내관은 하나님의 은총을 경험하는 하나의 방법론이 될 수 있습니다.

특히 고통의 한가운데에서 이루어지는 내관 기도introspective prayer는 대단히 중요합니다. "주님, 저를 불쌍히 여기십시오." "주님, 저는 죄인입니다." "주님, 저를 도와주세요." "저를 살려주세요." 하나님의 은혜를 절실하게 간구하는 것입니다.[8] 반드시 하나님께서는 우리를 위로하실 것입니다. 그리고 세리에게 예수님께서 선언하셨듯이 내관을 통해 자신을 발견하며 괴로워하는 우리를 하나님께서 칭의의 은혜로 위로하실 것입니다.

목회상담가는 끊임없이 자신을 들여다보아야 합니다. 그래서 탈진이나 영적 교만으로부터 자신을 보호해야 할 것입니다. 그래야 목회상담가로서 자신의 정체성을 잊지도, 잃지도 않게 될 것입니다. 또 자신이 만나는 많은 사람을 하나님께 바르고 순전한 마음으로 이끌 수 있을 것입니다.

광야의 영성으로 자신을 들여다보기

예수님께서도 공생애를 살아내시며 자기관리를 위한 한적함의 영성에 힘을 쏟으셨습니다. 특히 마가복음 1장에는 예수님의 한적함의 영성이 드러납니다. "새벽 미명 아직도 밝기 전에 예수께서 일어나 한적한 곳으로 가서 거기서 기도하시더니35절."

"한적한 곳으로"라는 말은 헬라어로 "에이스 에레몬 토폰"εἰς ἐρημον τοπον입니다. 마가복음 1장 12-13절에서는 "성령이 곧 예수를 광야로 몰아내신지라. 광야에서 사십일을 계시면서 사탄에게 시험을 받으시며 들짐승과 함께 계시니 천사들이 수종들더라."라고 말합니다. 여기에는 "에레몬"^{εργμον}이라는 헬라어가 우리말로 "광야"로 번역이 되어있습니다. 그러니 성경은 한적한 곳과 광야를 같은 단어로 표현하고 있는 것입니다.

그렇다면 왜 예수님께서는 종종 한적한 곳을 찾아가셨을까요?

공생애를 시작하신 예수님은 성령님에 의해 광야로 가셨습니다. 그리고 그곳에서 마귀에게 시험을 받으셨습니다. 그러나 그곳에서 예수님은 하나님의 말씀신 8:3, 6:16, 6:13 으로 마귀의 유혹과 시험을 이기셨습니다. 그런데 예수님께서 마귀의 시험을 이겨내신 직후, 아주 재미있는 상황이 연출되었습니다. 성경은 이렇게 말합니다. "들짐승과 함께 계시니 천사들이 수종 들더라."

광야는 빈곤과 메마름의 장소입니다. 죽음의 땅이기 때문입니다. 그 광야의 들짐승들은 분명 잔인함과 맹렬함, 그리고 날카로운 이빨과 발톱을 가지고 있었을 것입니다. 생존을 위해 싸워야 했기 때문일 겁니다. 그런데 성경은 그 들짐승들이 예수님과 함께 있으며 천사들이 수종을 들었다고 기록하고 있습니다. 성경 본문의 분위기는 마치 이사야 11장 6-9절에서 묘사된 새 하늘과 새 땅의 느낌입니다.[9] 이것은 무엇을 말하는 것일까요? 예수님의 광야 영성이 마귀의 시험을 이기는 것은 물론 죽음의 광야를 천국으로 바꾸는 동인으로 작용했다는 말입니다.

예수님께서 내관하셨다고 주장하고 싶은 것이 아닙니다. 하지만 한 가지 분명한 것은 예수님의 묵상이 단지 영적인 차원에서 이루어진 것만은 아니었다는 점입니다. 겟세마네의 기도와 묵상을 생각한다면 예수님의 묵상은 실존의 고통과 아픔을 포함하는 것 아니었을까요? 그렇기에 내관을 통한 자기성찰은 예수님의 '한적함의 영성'을 경험할 수 있는 하나의 방향 혹은 방법론이 아닐까 제안하는 것입니다.

바라기는 이 글을 읽으시는 모두가 내관을 통해 광야의 영성, 곧 한적함의 영성을 가지시기를, 그래서 자신을 깊게 들여다보시기를 소망합니다.

상실한 이들에게 깊은 공감을 전하는 목회돌봄, '안아주기'

우리가 삶을 살아간다는 것은 어떻게 보면 누군가와 헤어지고 무언가를 잃어가는 과정이 아닐까 생각해 봅니다. 현재가 과거가 되는 시간의 상실, 만났다가 헤어지는 관계의 상실, 무언가를 이루기 위해 목적과 목표를 세웠는데 그것을 이루지 못한 목적과 목표의 상실, 어떠한 이유로 인해 열심히 해오던 일을 잃었을 경우 재정의 상실, 자아실현 상실, 지나친 통제로 인해 겪는 자유의 상실 등을 경험하게 되지요. 이러한 상실의 경험은 애착하던 것으로부터의 분리를 경험하게 합니다. 그리고 그 분리의 경험은 불안을 가져오며 슬픔과 우울의 감정을 가지게 합니다. 물론 시간이 지나면 차츰 나아지게 되고 서서히 괜찮아지기도 하겠지만 제대로 다루어지지 않았을 경우 우리의 마음 저편 어딘가에 흔적으로 남아있다가 불쑥불쑥 올라와 힘들게 하기도 합니다.

더구나 한국 사회는 '빨리빨리'의 문화와 습관 속에서 내가 무엇을 상실했고 어떠한 마음의 흔적이 남아 나를 힘들게 하는지 돌아보기 힘들게 합니다. 문제가 있으면 빨리 해결해야 하고 마음의 어려움을 빨리 해소해야 하므로 일시적으로 괜찮다가도 시간이 지나면 그렇지 않은 마음을 경험하게 합니다. '괜찮다가도 괜찮지 않은 마음'은 어찌 보면 상황적으로는 이해하고 이성적으로는 합리화하지만, 심리적으로는 상실의 경험을 잘 다루지 못하기 때문에 생겨나는 마음이 아닐까 생각해 봅니다.

또한 한국 사회는 체면 문화가 강하게 존재합니다. 그러므로 내가 마음이 아프거나 슬프고 우울한 모습을 잘 드러내지 않습니다. 자신의 마음을 솔직하게 드러내기보다는 타인에게 보이는 나, 그리고 사회적으로 역할을 부여받고 기능하게 하는 페르소나에 지나치게 의존하고 살아가게 되면서 자기Self의 본모습을 잃게 되고 정신적, 심리적, 육체적, 영적인 문제들이 생겨납니다. 페르소나는 개인과 공적인 경험 사이의 중간 역할을 하지만 페르소나와 건강하고 기능적인 자아를 개발하지 못하면 가짜 자아Pseudo-ego가 형성되어 극도로 약하고 부서지기 쉬운 자아를 가지기 쉽습니다.[10]

그렇다면 상실로 인해 슬픔과 아픔을 가진 이들에게, 그리고 그것을 감추고 살아가는 극도로 약하고 부서지기 쉬운 자아를 가진 이들에게 목회상담가는 어떻게 목회 돌봄을 실천할 수 있을까요?

분리불안, 애착을 상실한 마음

상실을 겪는 사람들의 마음은 한마디로 정의할 수 없지만 잃어버린 대상에 대한 상실감은 애착의 문제와 깊은 연관이 있다고 볼 수 있습니다. 집중하며 애착을 쏟았던 대상의 상실을 경험하는 인간은 융합되어 있는 것의 분리를 경험함으로 분리감을 경험하게 되는데 마가렛 말러Margaret Mahler는 엄마와 아이가 분리되는 것은 개별화의 과정에서 필요한 부분이며, 이 분리를 통해 자기에 대한 명확한 심리적 표상을 가지게 된다고 하였습니다.[11] 말러는 이 분리의 과정을 통해 자기 표상과 대상 표상의 구분을 경험하게 되는데 이 과정과 경험 속에서 유아는 전능감의 경험이 줄어들게 되고 의존하게 되는 욕구가 증가하게 된다고 말합니다. 자기 표상과 대상 표상의 구분 경험, 즉 전능감의 경험이 줄어들고 의존 욕구가 증가하게 되는 경험을 하게 되면서 유아는 분리불안을 경험하게 된다고 말합니다.

상실은 분리불안을 경험하게 합니다. 자기 표상과 대상 표상이 하나가 되는 느낌으로 공생하는 동안 인간은 내가 그것을 통제할 수 있다는 전능감을 경험하게 됩니다. 그러나 그것의 분리를 경험하게 되면 인간은 통제할 수 없다는 불안과 잃어버리게 되었다는 상실로 분리불안을 경험하게 됩니다.

그렇다면 상실, 분리불안은 어떤 것일까요?

상실은 어떤 사람과 관계가 끊어지거나 헤어지게 되는 것, 어떤 것이 아주 없어지거나 사라지는 것입니다.[12] 그리고 상실감은 무엇인가를 잃어버린 후의 느낌이나 감정 상태를 말합니다.[13] 인간이 일상을 살아가면서 상실을 경험하게 될 때 나타나는 심리적 어려움은 불안과 슬픔이 아닐까 생각합니다. 예측하지 못한 상황에서 갑작스러운 상실을 경험했다면 얼마나 불안하겠어요. 그리고 그 불안함과 잃어버린 것에 대한 아쉬움은 슬픔으로 나타나겠지요.

상담하다 보면 상실로 인해 어찌할 바를 알지 못하는 슬픔 속에서 힘들어하는 사람들을 만나게 됩니다. 아침에 인사하면서 헤어졌는데 오후에 사고로 갑작스럽게 자녀를 잃은 부모의 아픔, 용서를 결단하며 용기를 내어 만난 부모님과의 이별, 그것만이 나의 살길이라고 생각하고 달려왔는데 어느 순간 잃게 된 나의 일터 등을 경험한 내담자들을 만날 때면 깊은 슬픔 가운데 고통스러워하는 모습을 보게 됩니다. 이러한 깊은 슬픔 가운데 사랑할 수 있는 능력의 상실로 인해 사랑하던 대상을 대신해 줄 새로운 사랑의 대상을 찾지 못하게 되고 사랑하던 대상을 생각나게 하는 어떠한 행동도 금지하는 것 같습니다. 이렇게 자아를 억제하고 제한하는 것은 깊은 슬픔에 빠져 다른 대상에 대한 목적이나 관심을 가질 수 없게 만듭니다.[14]

애착하던 대상의 상실은 그것으로부터 분리된 마음으로 힘들게 합니다. 이 분리불안은 존 볼비 John Bowlby 가 애착이론에서 주장했던 내용으로 애착에서 기인합니다. 애착은 한 개인이 다른 사람과 맺는 강한 정서적 유대를 말하는 것으로 주 양육자 사이에 형성되는 정서적 유대감을 말합니다. 서로 간에 애착이 잘 형성된 사람들을 만나면 반갑고 행복하며 마음이 따뜻해지고 그 사람과의 만남이 기대됩니다. 특히 어린 아이들의 경우 부모가 일시적으로 떨어졌다가 다시 만나면 반가운 마음에 달려가거나 매달리기도 하지요. 이러한 애착은 지속적으로 관계를 지속하는 힘이 되며 새로운 관계와 사회의 경험을 시작해볼 수 있는 용기를 가지게도 합니다.

안전기지, 상실한 이들에게 필요한 안정애착

영유아기에 형성된 애착관계는 성인이 되어서도 내적 작동모델을 통해 지속적으로 나타나고 이는 다음 세대까지 전해집니다. 부모로부터 안전기지를 충분히 경험하였다면 아이는 안정애착을 형성하여 타인과 긍정적인 관계를 형성해나가며 어려움이 있더라도 잘 극복할 수 있습니다. 하지만 부모로부터 안전기지를 잘 경험하지 못했다면 아이는 불안정애착을 형성하게 되고 타인과의 관계에서도 어려움을 극복하기 힘들게 됩니다.[15] 부모가 자녀에게 안전기지를 어떻게 제공하느냐에 따라 애착이 안정적 혹은 불안정적으로 형성이 되는데 그렇다면 안전기지는 무엇일까요?

안전기지는 낯선 세계와 새로운 환경으로 나아갈 때 용기를 돋아주고 안전감을 제공해주는 공간이며 낯선 세계를 탐색하고 돌아와 신체적, 정신적 재충전을 제공해주는 공간입니다. 이 안전기지는 낯선 환경을 탐색하며 적응하는 동안 받았던 상처를 싸매주고 아팠던 마음을 위로하며 슬픔을 달래주는 공간입니다. 이 안전기지를 통해서 아이는 신뢰감과 안도감을 얻고, 언제든 돌아갈 곳이 있다는 심리적 안정감을 제공받고, 힘든 일이 있더라도 나보다 강한 보호자가 나를 보호해줄 것이라고 느끼게 됩니다.

이 안전기지를 형성하기 위해서는 부모가 신뢰감 있게 행동하고 아이가 돌아왔을 때 환대해주며 따뜻하게 맞아주어야 합니다. 그래야 아이는 도움이 필요할 때 부모에게 도움을 요청할 수 있으며 요청하지 않더라도 부모가 언제든지 나를 도와줄 것이라고 신뢰하게 됩니다.[16] 이 안전기지는 안정애착이 형성되게 하며 분리로 인해 힘들어하다가도 시간이 조금 지나면 마음이 달래지고 안정을 찾게 합니다.

어린 시절에 아이들이 경험한 안정애착은 성인이 되어 맺는 인간관계에도 영향을 미치게 됩니다. 안정애착은 인간관계를 유지 및 발전시켜 나가는 방향에도 영향을 미치며 인간관계를 끝맺는 방법과 끝맺음 이후의 삶의 방식에도 영향을 미치기 때문입니다.[17] 그러므로 상실을 경험한 이들에게 애착의 문제는 중요한 부분이며 상실로 힘들어하는 이들에게 자신이 가진 애착의 모습이 어떠한지 돌아보는 것은 중요한 일입니다.

깊은 공감으로 안아주기

상실을 경험한 이들에게 안정애착을 통하여 안전기지를 제공해야 합니다. 이는 위니캇의 안아주기와 비슷한 맥락입니다. 위에서 언급한 것처럼 안정애착을 경험한 유아는 부모와 떨어지는 분리를 경험하더라도 잠시 힘들지만 곧 엄마가 돌아올 것이라는 신뢰를 갖습니다. 그리고 이러한 안전기지는 성인이 되더라도 내적 작용모델을 통해 지속적으로 이어집니다.

도널드 위니캇Donald Winnicott 의 안아주기는 '적당히 좋은 엄마'[18]의 개념과 연관이 있습니다. 적당히 좋은 엄마는 아이가 태어나면서부터 가지게 되는 절대적인 의존기와 상대적 의존기, 그리고 독립적으로 나아가는 전 과정에 돌봄의 역할을 제공합니다. 이 엄마의 안아주기는 엄마에 대한 좋은 기억, 냄새, 촉감 등을 경험하게 되어 엄마를 기억하게 만듭니다. 이 안아주기의 돌봄은 안정애착과 관련 있습니다. 안정애착을 가진 유아는 엄마의 안아주는 돌봄을 통해 불안을 감소시키고 내가 괜찮은 사람이라고 느끼게 합니다. 그리고 분리되는 경험으로 인해 불안을 겪는다고 할지라도 안아주는 경험을 통해 다시 안정을 찾고 신뢰를 얻습니다.

공감은 칼 로저스Carl Rogers 와 하인즈 코헛 Heinz Kohut , 로버트 스톨로로우Robert D. Stolorow 가 임상적 치료현장에서 중요하게 여겼던 것입니다. 로저스에 의하면, 공감은 내담자를 판단하지 않고 더 깊게 이해하고 그를 인격적으로 받아들이고 존중하는 노력과 관련되어 있습니다. 공감은 외적인 준거틀에 기초한 모든 지각을 배제하고 다른 사람의 사적인 개념 세계로 들어가 다른 사람이 느끼는 의미의 변화를 민감하게 느껴서 그가 거의 의식하지 못하는 의미를 느끼는 것이라고 합니다.[19] 로저스의 공감은 상담자에게 일관적인 태도, 무조건적인 수용의 자세를 요구합니다.

코헛은 공감에 대해서 '대리적 내성' 곧 다른 사람의 내면의 삶 안으로 들어가 생각하고 느낄 수 있는 능력이라고 정의하고 모든 사람은 다른 사람이 경험하는 것을 공감하는 능력을 갖추고 있다고 말합니다. 그러므로 코헛은 사람과 사람 사이에는 강력한 정서적 유대로서의 공감이 존재할 수 있다고 말합니다. 코헛은 '공감적 몰입'에 대해서 이야기했는데요. 이는 상담자가 내담자에게 자신의 객관성을 유지하면서 내담자의 경험을 조금 맛보는 시행착오와 장기간의 과정이라고 이야기합니다.[20] 이러한 공감은 치유에 필수적인데요, 이 공감적 반응을 통해 내담자는 마치 유아가 부모에게 안기는 것과 같은 경험을 하게 되기 때문입니다.

스톨로로우는 공감에 대해서 코헛과 비슷한 입장으로 내담자의 내면세계를 탐구하는 방식으로서 공감의 중요성을 강조합니다. 공감은 감정과 구분되고, 정서적 반응과도 다르며 공감은 내부적인 관점에서 곧 내담자의 주관적인 준거 틀에서 이해하려는 태도라고 정의합니다.[21] 스톨로로우는 정서적 트라우마에 대해서 이야기하면서 트라우마를 겪는 사람들은 소외감과 고독감을 느끼며 견딜 수 없는 고통에 시달린다고 했습니다. 과거와 현재와 미래의 통일성이 붕괴되며 실존하는 세상 안에서 영속성을 파괴하고 예측할 수 없는 불확실한 실존에 자신을 끊임없이 노출시킨다고 했습니다. 그래서 스톨로로우는 정서적 트라우마를 겪는 이들은 깊은 공감이 필요하며 이를 통해 극복되고 치유될 수 있다고 말합니다.[22]

공감에 대해서 로저스는 '지금 여기'를 강조하는 현상학적인 공감의 개념을 발전시켰고, 코헛은 '대리적 내성'을 통한 정보수집으로서의 공감과 함께 내담자의 역동을 설명하기 위한 공감에 대해 정의함으로써 공감의 개념을 정리하고 체계화하였습니다.[23] 그리고 스톨로우는 공감과 정서적 트라우마를 정의하고 정서적 내주라는 깊은 공감의 차원을 제시하였습니다.[24]

깊은 공감, 상실한 이들을 안아주는 목회 돌봄

상실을 경험한 이들에게는 자신의 세상이 흔들리고 자신의 안전이 흔들리는 예측할 수 없는 불안이 존재합니다. 그리고 애착하던 대상을 잃어버린 분리의 경험은 불안하고 우울하게 합니다. 그래서 사랑하는 대상을 잃어버린 분리불안을 극복하고 다시 일상을 회복하기 위해서는 깊은 공감으로 안아주는 것이 필요합니다. 그 시간은 누구에게는 짧을 수도 있습니다. 그러나 누구에게는 기나긴 먼 여행같이 느껴질 수도 있습니다. 그렇기 때문에 상담자는 내담자의 불안과 슬픔과 우울을 잘 이해하고 함께하는 것이 중요합니다.

헨리 나우엔은 돌봄이란 슬퍼하고 애통하며 고난에 동참하여 고통을 나누는 것이라고 말합니다. 그리고 그는 돌봄이란 깨어지고 무력한 사람들의 세상에 들어가 곁에 있어 주되 계속 같이 있어 주는 것이라고 말합니다. 돌봄은 인간의 모든 몸짓 중에 가장 인간다운 것이며 돌보는 사람과 돌봄을 받는 사람은 내적 치유와 해방과 변화를 경험한다고 합니다. 헨리 나우엔은 자신이 삶을 돌아보면서 가장 위로와 격려가 되었던 순간은 혼자 두지 않고 끝까지 붙들어주었던 경험이라고 합니다. 그리고 이것을 긍휼의 선물이라고 말합니다.[25]

　　상실을 경험한 이들에게 우리가 실천해야 할 돌봄의 모습은 바로 이런 것이 아닐까 생각해 봅니다. 상실로 힘들어하는 이들의 슬픔과 아픔 속에, 깨어진 삶 속에 끝까지 함께 붙들어주는 돌봄이 필요하다고 생각합니다. 그 돌봄은 마치 예수님이 나사로의 죽음 앞에 마리아와 마르다와 함께 계시고 우시며 깊은 공감으로 함께 하셨던 돌봄, 사람들을 피해서 우물에서 물을 길어야만 했던, 남편이 5명이나 있지만 늘 공허함과 수치스러움에 시달려야 했던 사마리아 여인을 긍휼히 여기셨던 공감의 돌봄이겠지요.

　　이처럼 목회상담가는 상실을 경험한 이들에게 깊은 공감으로 안아주는 목회적 돌봄을 제공해야 합니다. 이 안아주는 돌봄을 통해 내담자들은 안전기지를 회복할 수 있습니다. 로저스가 말한 것과 같이 내담자를 판단하지 않고 인격적으로 수용해주며 지금 여기를 함께 해주는 깊은 공감으로 안아주어야 합니다. 그리고 스톨로로우가 말하는 것과 같이 상실로 인해 정서적 트라우마를 경험하고 있는 내담자들에게 깊은 공감으로 돌봐야 합니다. 마치 절대적 의존기의 아이가 불안으로 울며 엄마의 손길을 기다리고 찾을 때 달래주고 안아주고 그들의 필요를 인식하고 공감하는 것으로 말입니다. 또한 내담자 안에 존재하는 내면의 세계를 이해하고 존중하는 태도로 말입니다.

그리고 코헛이 말한 것과 같이 내담자의 행동과 경험의 무의식을 이해하고 무의식적인 자각을 할 수 있도록 공감해주는 것이 필요합니다. 또한 상담자의 깊은 공감을 통한 안아주기를 통해서 상담자의 기능을 서서히 내면화하여 자기 것으로 변형시키는 것이 필요합니다.

비록 내담자가 어린 시절 안정애착을 경험하지 못하였다 하더라도 목회상담자는 깊은 공감을 통한 안아주는 돌봄을 통해 안정애착을 형성할 수 있습니다. 내담자는 상담자를 통해 깊은 공감을 경험하고 안아주는 안정애착을 경험한다면 이러한 경험은 안전기지를 형성하게 될 것입니다. 그러한 안전기지는 내담자에게 내적 작용모델이 되어 타인과의 관계뿐만 아니라 하나님과의 관계에서도 연속적으로 경험하게 될 것입니다. 그리고 이러한 내적 작용모델의 수정과 축적은 또 다른 상실을 마주할 때 스스로 자신을 돌볼 수 있는 힘을 제공할 것입니다.

오늘 삶의 자리에서 사랑하는 대상을 상실하여 힘들어하는 이들이 있다면 깊은 공감으로 안아주는 목회돌봄을 제공할 수 있기를 소망해 봅니다.

–

누군가 나를 힘들게 한다면,
'타인의 시기심을 견디는 방법'

누군가 나를 힘들게 한다면

우리가 살아가는 세상에서 나타나는 인간관계의 많은 문제들이 시기심에서 비롯됩니다. 그리고 그 시기심은 우리의 삶에서 다양한 모습으로 나타나게 되지요. 친구나 동료들과의 경쟁, 자녀 간의 갈등, 집단 내의 모함 그리고 여러 집단이 투쟁하는 모습 등이 예가 될 수 있겠네요.

한편 사람들은 시기심이 만들어낸 갈등의 상황을 경험하게 될 때에 어느 쪽이 옳은지 그른지를 판단하는 데에만 신경을 쓰지, 다양한 갈등의 현상에 나타나는 시기심에 대한 심리적 원인에 대해서는 관심을 두지 않는 경향을 보입니다. 한편 예수 그리스도로부터 받은 사랑을 실천하면서 살아가야 하는 그리스도인도 살아가면서 누군가를 시기할 수 있고 또한 시기심의 대상이 될 수 있기에, 타인의 시기심을 견디거나 자신의 시기심을 극복하는 방법을 탐구할 필요가 있습니다.

누군가 나를 힘들게 한다면, 그리고 그 이유가 타인의 시기심에서 오는 것이라면, 그 시기심에 대한 심리학적이고 영성적이며 목회상담학적인 입장을 살펴보는 것은 아주 중요한 부분이라고 생각합니다. 이 글을 통해서 시기심의 원인과 타인의 시기심을 견디어야 하는 관점에 대해서 멜라니 클라인Melanie Klein 의 입장을, 그리고 자신의 시기심을 극복하는 관점에 대해서 윌리엄 제임스William James 와 앤 율라노프Anne Ulanov 의 입장을 중심으로 설명하고, 성서에 나온 예수 그리스도의 가르침을 살펴보면서 시기심에 대한 심리학과 영성, 목회상담학적 입장을 연결하여 조명하고 싶습니다.

시기심, 그 파괴적이며 공격적인 충동

멜라니 클라인Melanie Klein, 1882-1960 은 프로이트의 죽음의 충동 이론이 주장하는 인간이 태어나면서부터 갖게 되는 공격성에 관해서 연구를 시작하게 되었으며, 점차로 이 공격성 중에서 특히 시기심에 관해서 관심을 두게 되었다고 합니다.[26] 클라인은 인간의 다양한 공격성 중에서 시기심이 다른 공격성보다 근원적이라는 생각을 하게 되었는데요. 그리고 인류의 파괴적인 역사적 사건들의 이면에 시기심이 자리를 잡고 있다고 주장하게 될 정도로 시기심의 부정적 영향력과 그 영향력에 의한 인간 내면의 파멸에 대해서 강조했습니다.[27]

한편 클라인은 '파괴적이며 공격적인 충동인 시기심'은 출생한지 얼마 되지 않는 유아기 때부터 시작되는 심리적 현상이라고 이야기합니다. 예를 들어서 유아는 어머니의 젖이 공급하는 영양분에 생존을 절대적으로 의지하면서 간절히 원하지만, 자신이 가질 수 없는 어머니의 젖가슴을 시기하게 된다고 보았습니다. 그러면서 유아는 시기심의 영향력 때문에 어머니를 전체적인 대상이 아니라 '젖가슴'이라는 부분 대상으로 고정시켜서 파악하려는 경향을 보인다고 했지요. 그리고 클라인은 유아가 현실에서 본인이 원하는 순간에 맞추어서 젖이 공급되지 못하는 경험을 하게 되면서, 한편으로 자신은 어머니의 젖가슴을 가지고 있지 못하다는 박탈감을 느끼고, 다른 한편으로는 어머니의 완벽하지 못한 양육에 불안을 느끼게 되면서, 어머니의 부분 대상인 젖가슴을 물어버리는 공격성을 표현하게 된다고 이야기합니다. 그런데 유아는 그런 행위가 마치 전체로서의 어머니를 공격하는 것 같이 착각하는 환상을 경험한다고 합니다.[28]

다시 말해서 유아는 어머니의 일부분인 젖가슴을 물면서 마치 어머니 전체를 공격하는 듯이 착각하게 된다는 것입니다. 그리고 그 환상 속에서 자신이 적절한 양육을 받지 못해서 죽을 수 있다는 '멸절 불안'과 어머니가 완벽하게 돌보지 못하게는 현실 속에서 마치 어머니가 자신을 미워해서 박해하는 것으로 생각하는 '박해 불안'을 경험하게 되며, 그런 관점에 사로잡히는 '편집적 자리'paranoid position 라는 심리적 상태에 이르게

된다고 주장하지요.[29]

편집적 자리, 불안의 심리적 상태

편집적 자리에서 유아는 어머니를 젖가슴이라는 부분 대상으로 이해하는 단계에 머물게 됩니다. 그러나 만약 유아가 비록 완전하지 않지만, 꾸준히 어머니의 애정 어린 돌봄이 제공되는 경험을 하게 되면서, 서서히 멸절 불안과 박해 불안이 낮아지게 되는데요. 그러면서 유아는 점차 어머니를 젖가슴이라는 부분 대상으로 이해하던 좁은 편집적 인식에서 벗어나서, 어머니에 대해서 다양한 인식의 경험이 통합되면서, 보다 안정적이고 성숙한 심리상태로 발전하며 보다 전제적으로 어머니를 인식하게 되는 '우울적 자리'depressive position 에 이르게 됩니다.[30] 현실에서 완벽한 양육이 존재할 수 없기에, 모든 유아는 불가피하게 편집적 자리를 경험하게 되지만, 보통 적절한 양육을 통해서 서서히 우울적 자리로 나아가게 될 수 있습니다.[31]

우울적 자리, 성숙하게 대상을 수용하는 것

유아가 편집적 자리에서 벗어나서 우울적 자리에서 대상을 보다 넓게 인식하게 되면 시기심의 편집적이고 부분적인 경향이 서서히 사라지면서, 시기심의 영향도 덜 받으면서 이전보다 새롭고 전체적인 관점에서 대상을 바라보게 될 정도로 심리가 건강하게 변화될 가능성이 커집니다.[32] 따라서 유아가 편집적 자리에서 어느 정도 시기심을 겪을 수밖에 없으므로, 시기심 자체가 문제라기보다, 지속적으로 편집적 자리에 머물러서 대상을 부분적으로만 인식하며 시기심을 경험하고 있는지, 아니면 보다 성숙한 우울적 자리로 옮겨가면서 대상을 보다 전체적으로 바라보면서 시기심의 영향을 덜 받게 되는지의 여부가 더 중요하다고 볼 수 있겠습니다.

　　다시 말해서 시기심은 편집적 자리에서의 부정적인 영향력이 강하기 때문에 나타난다고 볼 수 있는 것입니다. 그리고 누구나 편집적 자리를 벗어나게 될수록, 그만큼 시기심의 부정적인 힘이 약하여지고, 좀 더 차분하고 안정되게 대상을 바라보게 되며 다양한 시각에서 대상을 파악하게 됩니다. 따라서 누군가가 나를 시기해서 힘들다고 생각하게 될 때에 시기하는 상대방을 공격하거나 비판하게 되면, 그 시기하는 이의 편집적 상태를 더욱 강하게 만들게 되며, 그의 편집성이 올라가게 되면 그만큼 더욱 나를 부분적으로, 편파적으로 이해하게 되면서 시기심이 한층 강화되게 됩니다. 그럴 때에 오히려 타인에게 보다 수용적인 태도를 지속적으로 보임으로써, 그의 편집적인 에너지가 낮아지고, 경계를 풀도록 돕는 것이 바람직합니다. 그 과정에서 상대방은 편집적 관점이 약해지고, 나에 대해서 다른 관점을 수용하게 되면서 시기심이 낮아지게 되면서 보다 성숙하게 대상의 여러 면을 수용하게 되는 우울적 자리로 옮겨가게 될 가능성이 높아진다고 볼 수 있지요.

편집 분열의 자리에서 벗어날수록 외부 대상을 다양한 관점에서 바라보고, 다양한 관점에서 얻게 된 인식들이 통합될 가능성이 높아지며, 그만큼 시기심의 부정적 심리에너지가 건강한 심리의 상태로 변형될 가능성이 높아지게 됩니다.[33]

시기심과 감사, 내면의 통합과 성숙의 과정

윌리엄 제임스William James, 1842-1910는 정신적 통합을 "본질상 어린 아이의 조그마한 우주에서 더 성숙한 지적인 삶과 정신적인 삶으로 옮겨 가는 과정"으로 설명하였으며, 그 범위가 영혼이 회복되게 되고, 영적 중심이 옮겨지는 정도에 이르게 될 때에, 그런 통합은 영적 그리고 정신적 성숙의 과정에 해당된다고 말합니다.[34] 따라서 내면의 통합이 성숙의 과정이라는 관점에서 시기심이 부정적으로 극단적인 증오와 파괴의 원인이 될 수도 있습니다. 하지만 반대로 건강한 심리의 변형을 위한 근원이 될 수 있다고 말한 클라인의 입장은 윌리엄 제임스의 관점과 연결될 수 있는데요. 또 더 나아가서 말년에 클라인도 마침내 "시기심과 감사"라는 논문에서 시기심이 건강하게 변할 수 있는 방법으로 감사의 태도를 언급하게 되면서 심리적 시기심의 극복에 대해서 감사를 강조함으로써, 심리학적 관점의 틀을 넘어서서 보다 포괄적인 입장을 취하게 된 모습을 볼 수 있습니다.[35]

앤 율라노프Anne Ulanov, 1938-는 심리학을 신학적 관점에서 조명하면서도, 그 둘을 하나로 혼합하지 않고, 각각의 영역을 존중합니다. 다시 말해서 인간의 내면을 단지 심리적 영역으로만 설명하지 않고, 심리적 영역 이외에 영혼과 관련된 측면, 즉 신학적으로 다룰 수 있는 영역이 있음을 인정하는데요. 이런 입장에서 그녀는 "영혼은 정신과 다르게, 비록 그것이 확실하게 몸 또는 정신적 질병에 의해 심각하게 영향을 받는 것이 사실이지만, 그 어느 질병에 의해서도 패배되지 않는다. 신경증은 사실 죄가 아니며, 또 건강이 은혜의 상태인 것도 아니다. 영혼은 정확하게 자기와 타자가 만나는 지점이며, 그럼으로써 저 너머 세계에 대한 암시 자이기도 하다."라고 말합니다.[36]

　　위의 언급을 통해서 율라노프는 인간의 심리적 문제는 심리적이면서도 동시에 영적인 측면이 있음을 암시하는데요. 이런 관점에서 율라노프는 인간의 심리적 문제 중에서 특히 시기심은 선하다고 생각되는 것 또는 대상을 공격하고, 파괴하려는 충동으로 설명하였습니다. 보다 구체적으로 시기심은 인간의 내면에서 지속적으로 아름다움과 감사의 감정을 파멸시키고, 다양한 병리적 태도를 만들어내는 주요 원인이라고 보았습니다.[37] 또한 율라노프는 시기심은 클라인이 말한 유아 내면의 죽음본능의 구체화로도 볼 수 있다고 주장합니다. 보다 구체적으로 말하면, 유아가 성장하면서 건강한 심리를 가지고 성장하기 위해서는 시기심을 잘 조절하면서 그 부정적 영향력을 극복해낼 수 있어야 하듯이, 시기심은 부정적인 심리적 경향이지만 어떻게 대처하는지의 여부에 따라서 건강하게 변형될 수도 있습니다.[38]

건강한 심리적 변형, 하나님의 존재를 인정하고 수용하는 것

더 나아가서 율라노프는 시기심을 잘 조절하고 극복해내기 위해서 모든 선함과 사랑의 근원이신 하나님의 존재를 인정하고, 수용하면서, 자기 내면의 시기심을 억압하거나 부인하지 않고 의식 안으로 받아들일 필요가 있다고 주장합니다. 율라노프의 관점에 따르면, 시기심은 분명히 파괴적인 공격성을 가지고 있지만 그것을 어떻게 대응하느냐의 여부에 따라서 그 부정적 영향력에 지배당하거나 또는 반대로 부정적 영향력이 건강한 심리로 변형될 수 있습니다.

특히 율라노프는 절대 선과 사랑의 근원이신 하나님에게 감사의 태도를 가지게 될 때에, 시기심의 영향을 받던 부정적 심리가 건강하게 변형될 가능성이 커진다고 말합니다. 말년의 클라인이 시기심의 건강한 변형을 위해서 감사의 태도가 필요하다고 했던 주장은 심리학적 이론에서 한 걸음 더 나아가 포괄적인 입장을 취하면서, 확실하게 영성학적 관점으로 연결시키는 것을 볼 수 있습니다.[39] 위와 같은 논의를 통해서 신학과 심리학을 아우르는 입장을 취하는 그리스도인은 시기심으로 고통받는 내담자를 만날 때에 그의 심리적 문제가 보다 근본적으로는 신학적 측면도 포함되어 있음을 깨닫고, 인간에게까지 낮아지신 예수 그리스도를 본받아서, 내담자를 적극적이고 따뜻하게 수용하는 태도를 취할 필요가 있음을 깨닫게 됩니다. 그런 그리스도인의 태도를 통하여 내담자는 선하신 하나님을 서서히 내면화시키고, 그 내면화된 힘을 통하여 자신의 시기심을 회피하거나, 억압하지 않고, 수용하게 될 소중한 기회를 얻게

됩니다.[40]

시기심을 만날 때, 하나님의 선하심을 인식시키는 기회

지금까지 상대방의 시기심을 경험하게 될 때 시기 받는 이가 공격적이거나 증오의 반응을 보이지 않고, 선하신 하나님을 의지하며, 묵묵히 견디고, 시기심을 수용해주는 과정이 필요하며, 이 과정에서 시기심을 가지고 있던 이도 자신의 시기심을 회피하거나 억압하지 않고, 있는 그대로 받아들이게 되면서 시기심이 건강한 심리로 변형될 가능성이 커진다고 이야기하였습니다. 또한 나의 삶에 대해서 감사의 관점을 발견하게 되면서 시기심에서 벗어나게 될 가능성이 커진다고 이야기했습니다.

예수 그리스도는 "나로 말미암아 너희를 욕하고 박해하고 거짓으로 너희를 거슬러 모든 악한 말을 할 때에는 너희에게 복이 있나니, 기뻐하고 즐거워하라 하늘에서 너희의 상이 큼이라 너희 전에 있던 선지자들도 이같이 박해하였느니라."[마 5:11-12] 라고 말씀하셨습니다. 이 말씀이 그리스도인들은 시기심 등의 부정적 영향력을 가지고 대하는 이들을 만날 때에 분노하거나 좌절하기보다, 그런 상황을 그들에게 하나님의 선하심을 인식시키는 기회로 활용하라는 지혜의 교훈을 가르칩니다.

사실 자신을 공격하거나 부정적으로 대하는 이들에게 증오의 반응을 보이는 것은 어렵지 않습니다. 그리고 많은 이들이 실제로 그렇게 행동하기 쉽습니다. 그러나 위의 본문에서 예수 그리스도는 선하신 하나님을 본받아 살아가는 참된 그리스도인들은 공격적으로 대하는 이들을 만날 때에, 비록 괴로움을 겪게 되어도, 그들의 공격성을 묵묵히 견디고 포용함으로써, 그들이 좋은 방향으로 변화하게 될 기회를 줄 수 있음을 깊이 깨달으라는 함의를 전달하십니다.

마찬가지로 목회상담자는 시기심을 가진 내담자들을 만날 때에, 그들이 보이는 공격성을 견디면서, 그들에게 서서히 시기심의 부정적 영향력에서 벗어나서 삶의 이야기를 편안하게 나누면서 건강한 심리를 회복할 기회를 줄 수 있음을 깨달을 필요가 있습니다. 즉 목회상담자의 견디는 태도가 시기심을 가진 내담자에게 이전에 경험하지 못하였던 안정된 상황에서 삶의 이야기를 새롭게 해석할 기회를 제공할 수 있습니다.[41]

더 나아가서, 예수 그리스도는 "이같이 너희 빛이 사람 앞에 비치게 하여 그들로 너희 착한 행실을 보고 하늘에 계신 너희 아버지께 영광을 돌리게 하라"[마 5:16]고 말씀하십니다. 이 본문은 참된 그리스도인이 시기심과 공격적인 태도를 보이는 이들에게 수용적인 태도를 보여주며 묵묵히 견뎌내야 하는 이유가 바로 그들의 시기심과 공격적인 태도를 지속적으로 견뎌내는 그리스도인들을 보고, 인간의 사랑과 포용의 태도를 경험하면서 그 시기심에서 벗어날 기회를 얻게 될 수 있음을 가르치는 것이 아닐까요?

삶의 자리에서 발견하는 감사, 성숙과 회복을 경험

시기심은 모든 인간 역사의 갈등 이면에 도사리고 있는 심리적 문제들 가운데 하나이며, 또한 성경의 첫 시작부터 다루어지는 주제이기도 합니다. 예를 들어서 창세기 3장에 의하면, 에덴동산에서 뱀이 하와에게 하나님이 금하신 선악과를 먹게 할 때에, 마치 선악과를 먹으면 "하나님 같이 눈이 밝아질 것"^{창 3:5} 이라 거짓말을 하였고, 하와는 그 거짓말에 속아서 선악과를 먹게 되었습니다. 이 사건을 해석할 때, 시기심에 의해서 죄를 지은 것으로도 볼 수 있습니다. 그리고 창세기 4장에서 등장하는 가인이 아벨을 죽인 최초의 살인사건도 시기심에 의해서 발생하였다고 볼 수 있습니다. 그렇다면 인간의 역사에서 갈등을 일으킨 사건의 이면에 숨어있는 시기심은 단순히 심리적인 문제뿐 아니라, 신학적 측면도 있다고 말할 수 있습니다.

지금까지 시기심에 대해서 심리학적으로 클라인의 편집적 자리에서 경험하는 멸절 공포, 박해 불안의 특성을 설명하였습니다. 그리고 윌리엄 제임스의 관점에서 인간 정신의 통합의 과정이 성숙의 과정이며, 그런 관점에서 편집적 자리에 머물러 있는 시기심에 시달리는 이도 통합을 경험할 필요가 있음을 언급하였습니다.

또한 율라노프의 관점에서 시기심을 겪는 이가 자신의 삶 속에서 감사를 발견하게 되면, 그가 건강한 심리를 회복하는 기회가 될 수 있음을 설명하였습니다. 마치 예수 그리스도가 인간의 구원을 위해서 땅으로 내려오시기까지 낮아지신 것처럼, 그리스도인은 삶의 자리에서 시기심의 고통을 받는 내담자가 있다면 건강한 심리를 회복하기 위해서, 내담자의 눈높이에서, 그의 시기심을 견디고, 수용해주면서 견디어주는 역할을 마땅히 감당해야 하는 것이 아닐까 합니다.

–

나르시시즘에 관하여

건강한 자기사랑을 위하여

현대는 과거 어느 때보다 개인의 '자아실현'이나 '자기만족'이 중요시 되는 시대입니다. 교회사학자인 브룩스 홀리필드Brooks E. Holifield는 오늘날의 "개신교는 개인의 영혼의 구원뿐만 아니라 자기실현을 위한 주제에 대해서도 목회적 관심을 기울여야만 한다."라고 말합니다.[42] 그의 말속에 현대인들 개인의 자아실현이나 삶의 목적의 추구와 관련된 경향이 교회 안에서도 영향을 미치고 있다는 함의가 포함되는데요, 그런 상황을 반영하듯이 교회에서 진행하는 다양한 성경공부나 모임 등도 개인적 관심사를 충족시켜주기 위한 목적을 지향합니다. 목회자들도 성도들의 다양한 삶의 상황이나 관심사를 충족시키는 돌봄을 위해서 과거보다 더욱 노력하게 되었지요. 한 마디로 교회 안팎에서 과거에 비해 개인의 취향이나 삶의 목적을 더욱 중시하는 '자신에 대한 사랑, 즉 자기애[43]가 중시되는 시대'가 되었다는 것입니다.

따라서 이런 현대의 자기애에 대한 관점을 감안하여 볼 때에, 그리스도인은 자기애에 대하여 부정적으로 보기보다 건강한 자기애를 갖도록 돕는 신학적 관점과 상담에 관심을 가져야 할 필요가 있어 보입니다. 이런 관점에서 자기애에 대하여 최초로 언급한 지그문트 프로이트Sigmund Freud, 1856-1939의 이론을 그의 리비도 이론[44]을 중심으로 살펴보고, 또한 프로이트의 자기애 이론을 나름대로 발전시킨 하인츠 코헛Heinz Kohut, 1913-1981의 입장을 간략하게 비교해서 그 차이점을 아는 것은 중요하다고 생각됩니다. 또한 자기애를 중시하는 현대인의 삶에서 자기애를 '자기애적 자기'Narcissistic Self가 아닌, '응집적 자기'Cohesive Self[45]로 경험할 가능성을 높이도록 돕는 도날드 캡스Donald Capps, 1939-2015의 목회상담적 관점을 이해하는 것은 목회돌봄을 실천하는 이들에게 큰 도움이 될 것입니다.

프로이트가 말한 자기애의 중시, 건강하지 않은 자기애의 경험

프로이트에 따르면 모든 인간은 두 단계의 자기애를 겪을 수 있는데 그는 먼저 인간은 생후에 필연적으로 한 차례의 자기애, 즉 '일차적 자기애의 시기'를 겪게 되어있으며, 그 후에 성장의 과정에서 두 번째로 '이차적 자기애의 시기'를 겪게 될 수도 있다고 말합니다. 그런데 그는 일차적 자기애의 시기는 정상적이고 자연스럽게 겪게 되는 과정이지만, 이차적 자기애의 시기는 겪지 않는 것이 바람직하다고 보았습니다. 다시 말해서 '이차적 자기애 시기'는 모든 인간이 겪는 자연스러운 단계가 아니며, 건강하지 않은 상태의 자기애를 겪는 단계라는 것입니다.[46]

보다 구체적으로 프로이트의 리비도 이론에 근거해서 '자기애의 두 시기'를 다음과 같이 설명할 수 있습니다. 생후 얼마 되지 않는 유아의 자기 안의 리비도는 자기 안에만 머물고 외부 대상을 향하여 발현되지 않게 되기 때문에, 필연적으로 '일차적 자기애의 시기'를 겪게 되어있습니다. 그러나 유아가 성장하면서 자기 안의 리비도 일부는 여전히 자기 안에 머물지만, 나머지 일부는 자연스럽게 외부 대상으로 향하면서 '일차적 자기애의 시기'를 벗어나게 됩니다. 그러나 만약 외부 대상으로 향하는 리비도가 외부 대상으로부터 적절한 반응과 관심을 받지 못한 상태로 다시 자기로 돌아오는 경험을 되풀이하게 되면, 외부 대상으로 발현되는 리비도의 양이 서서히 줄어들면서, 자기 안에서만 머무는 리비도의 양이 증가하게 되며, 마침내 대상 리비도의 발현이 거의 이루어지지 않게 되면 이차적 자기애의 단계가 발생하게 될 가능성이 커진다고 합니다.

결국 '이차적 자기애의 시기'가 시작되면 자기 안의 리비도가 외부 대상을 향하여 흐르지 않게 되면서, 유아는 외부 세상에 관심을 두지 않게 되며, 오직 자기 자신에게만 관심을 가지게 되는 건강하지 않은 심리상태를 갖게 될 수 있습니다. 그러나 현실적으로 자기로부터 외부 대상으로 향하여 발현된 유아의 리비도는 어느 정도 불가피하게 적절한 관심과 반영을 받지 못하고 다시 자기에게로 돌아오게 되어있는데요, 그 이유는 아기가 언제나 모든 사람들에게 관심과 사랑을 받을 수는 없으며, 때때로 충분한 관심을 받지 못하거나, 심지어 외면받을 수도 있기 때문입니다. 그러나 예외의 경우도 있다고 생각합니다.

따라서 인간은 반드시 '이차적 자기애의 시기'라는 건강하지 않은 자기애의 경험에 이르지 않더라도 일시적으로 자기애의 성향이 올라가는 경험을 반복하며 살아가는 존재입니다. 살아가면서 언제나 본인이 원하는 만큼 관심과 사랑을 받지 못하고, 오히려 주목받지 못하고, 외로움을 견디어야 하는 경우도 많기 때문입니다. 그렇다면 자기애가 중시되는 현상을 두려워하기보다는, 어떻게 자기애를 건강하게 관리할 것인지에 관심을 두는 것이 바람직하다고 생각해야 합니다.

자기의 상태가 불안정, 지나친 자기애적 성향

코헛은 프로이트와는 다른 자기애에 대한 관점을 발전시키게 되었습니다. 기본적으로 코헛은 인간은 평생토록 자기애를 간직하고 살아가게 된다고 보았습니다. 그는 인간이 살아있는 동안에 심리적 에너지인 리비도가 계속 발생할 수밖에 없으며, 리비도가 발현되는 동안 그 일부가 어느 정도 자기 안에 집중되는 현상이 지속되기 때문에, 건강한 상태유지 여부와 상관없이 평생 자기애를 지니게 된다고 주장하였습니다.[47]

프로이트와 코헛의 관점의 차이는 일차적 자기애의 발전 방향을 다르게 본 데에서 시작됩니다. 프로이트는 일차적 자기애의 리비도 일부가 외부 대상 리비도로 발현되고, 그 리비도가 외부 대상의 적절한 반응을 받게 되는 과정을 반복하면서, 자기애가 점차로 성숙해지며 대상 사랑으로 발전하는 것이 바람직하다고 생각하였습니다. 앞에서 설명하였듯이 그는 일차적 자기애에 속하였던 리비도가 자연스럽게 대상 사랑으로 발전하면, 건강하지 않은 '이차적 자기애의 시기'를 경험하지 않게 된다고 보았습니다.[48]

한편 코헛은 유아의 일차적 자기애가 변형되면서 만들어지는 '과대 자기'와 '이상화 자기'라는 두 개의 축을 가진 자기를 발전시키게 된다고 보았습니다.[49] 그러나 이 두 개의 축을 가진 자기가 형성되는 과정은 상상 속의 투사가 현실의 경험 속에서 서서히 철회되면서, 투사에 사용되었던 리비도의 에너지가 현실을 인식하고 살아가는 데에 사용되도록 천천히 변형되어야 안정된 자기의 상태를 유지하게 됩니다. 반대로 만약 자기의 형성이 지나치게 빠르게 진행이 되어서, 투사에 사용되었던 리비도 에너지가 급격하게 철회되면, 그 리비도 에너지가 현실을 인식하고 살아가는 에너지로 충분히 변환되지 않아서, 자기의 상태가 불안정하게 되며, 자기 안의 리비도가 외부 대상을 향하여 발현되기가 어려워집니다. 이런 자기를 가진 개인은 자기애의 성향이 높아지기 쉬우며, 대인관계에서 타인에게 전이의 방식으로 관계를 맺게 되기 쉽습니다. 이때 상당한 시간 동안 전이를 견디면서 공감적인 태도를 유지할 수 있는 대상을 만나면 자기 안의 두 축이 서서히 변형되어서 자기가 건강한 상태로 변형되는 '최적의 좌절'을 경험하지만, 그렇지 않고 전이가 깨어지면서 급격하게 대상 리비도를 철수하게 되는 경험이 반복되면 반대로 자기의 상태가 점점 건강하지 않게 되며, 극단적으로 자기애적 자기에 이르게 될 수 있습니다.[50]

외부 대상의 따뜻한 관심과 사랑의 반응, 과대 자기와 이상화 자기의 충족

한편 자기애의 성향이 높아서 전이를 쉽게 일으키게 되는 과정, 곧 자기애적 자기로 이르게 되는 과정을 리비도의 관점에서 좀 더 자세히 설명하여 이해를 돕고 싶은데요. 먼저 과대 자기의 축이 외부 대상과의 경험을 통하여 안정된 변형의 과정을 거쳐 내면화되지 못한 경우가 있습니다. 다시 말해서 외부 대상과의 관계에서 과시적 자기의 축을 형성하기 위하여 사용되는 리비도가 외부 대상으로부터 적절하게 공감과 격려를 받지 못하고 다시 자기로 향하게 되는 과정이 반복되면, 과시적 자기의 축이 튼튼하게 형성되지 않아서 약한 자존감을 형성하게 되며, 지나친 자기비하 또는 타인에 대한 과도한 이상화 전이를 일으키게 됩니다. 둘째, 이상화 축을 형성하기 위해서 외부 대상에게 발현되는 리비도가 적절한 반응을 받지 못하고 다시 자기로 돌아오게 되는 과정이 반복되면, 다시 말해서 부모가 이상화 대상의 역할을 적절하게 실행하지 못해서 유아의 이상화 욕구가 반복해서 좌절되면, 이상화 축에 사용된 리비도가 수용을 받지 못한 채로 자기로 향하게 되면, 약화된 이상을 갖게 됩니다.[51] 만약 이상화의 철회가 급속하게 진행되면, 유아가 이상화시켰던 외부의 대상들이 수행하던 기능을 자기 안에서 서서히 떠맡게 되는 여유를 가질 수 없기 때문에 '자기애적 외상'Narcissistic Trauma 을 겪게 됩니다. 이 과정은 유아의 자기에서 외부 대상으로 향하였던 리비도가 적절한 반응을 얻지 못하고 급하게 다시 자기 안으로 향하게 되는 과정이 반복되면서 자기애적 자기의 상태에 이르게 되면, 자기 안의 리비도가 외부 대상을 향하여 발현되기 어렵게 된다는 것입니다.[52]

반대로 자기애의 성향이 높던 자기가 건강한 자기로 변화되는 과정을 리비도의 관점에서 설명하면 다음과 같이 설명할 수 있는데요. 자기애가 높은 자기를 가진 개인이 오랜 시간 동안 공감적인 태도를 유지하는 상대방을 만나게 되면, 이전과 달리 과대 자기의 축과 이상화의 축을 형성하기 위해서 외부 대상으로 향하였던 리비도가 적절한 반응을 받고 다시 자기 안으로 들어오는 과정이 서서히 진행됩니다.

공감적인 외부 대상의 따뜻한 관심과 사랑의 반응 에너지를 받고 자기로 돌아오는 리비도는 자기 안의 다른 리비도에게 그 따뜻한 에너지를 전달하면서, 서서히 자기 안의 리비도가 활력을 얻게 됩니다. 이런 과정이 반복되면, 자기 안의 과대 자기의 욕구와 이상화의 욕구가 충족되면서, 그 욕구가 상상 속의 전이가 아니라, 현실 인식과 삶에 관심을 두는 변화가 일어납니다.

'최적의 좌절' 반복을 통한 변형적 내재화, 건강한 자기로의 회복

코헛은 이럴 때 경험하는 좌절^{투사가 철회된다는 입장에서 사용됨}을 '최적의 좌절'Optimal Frustration, 그리고 최적의 좌절이 반복되면서 자기 안의 리비도 에너지가 현실의 삶에 사용되는 변환의 과정을 '변형적 내재화'Transmuting Internalization 라고 불렀습니다.[53] 그리고 '과대 자기의 축'과 '이상화의 축'이 현실적으로 기능을 할 수 있게 되는 상태의 자기는 '응집적 자기'Cohesive Self 가 시작하였다고 말하였습니다. 이 응집적 자기는 일시적으로 자기애가 내면에만 머물다가 다시 그 일부가 외부로 향하기 시작하는 '지향적 자기'Spreaded Self [54]를 통하여 서서히 회복되는 건강한 자기입니다.

응집적 자기의 경험, 목회상담의 의의

오늘날 목회자들은 목회 현장에서 성도들이 개인적 취향이나 욕구를 중시하는 시대의 흐름을 맞추어 사역의 다양성을 추구해야 하는 현실을 맞이하고 있습니다. 이전에는 목회자 위주의 교리교육이나 연역적 방식의 성경공부가 많았으며, 강단에서 설교 말씀을 선포하면 그 메시지를 믿음으로 받아들이고 순종하는 신앙생활을 당연하게 여겼습니다. 그런데 최근에는 성도들이 현실의 삶에서 맞이하게 되는 다양한 상황을 목회자가 성경 원리를 기준으로 설명하는 방식의 성경공부와 설교가 선호되고 있습니다.

성도들은 각자 자신이 처한 상황을 신앙적 관점으로 이해하고 싶은 욕구를 표현하고, 목회자들은 그런 욕구를 충족시켜주기 위해서 다양한 목회 프로그램을 연구하고 개발하기를 요구받고 있는 실정이지요. 더 나아가서 목회자들이 성도 개개인의 삶을 해석하고, 아픔을 위로해주는 상담자의 임무를 수행하기를 요구받고 있습니다.

목회자는 이런 상황 속에서 수동적인 자세를 취하기보다 적극적으로 어떻게 대하면 좋을 것인지 생각할 필요가 있습니다. 그 한 방법으로 기본적으로 자기애의 성향이 높기 쉬운 오늘날 현대인들은 수치심을 느끼기 쉬우며, 바로 이런 특성을 비판하기보다 공감적인 태도로 돌봄으로써 자기애의 성향을 낮출 가능성이 있음을 깨닫는 태도입니다.[55]

요한복음 4장에 보면 예수 그리스도와 사마리아 여인의 만남의 이야기가 나오지요. 본문 1-8절에 보면 예수 그리스도께서 제자들과 사마리아 지방을 통과하시는 도중에 제자들이 음식을 사러 동네에 간 동안, 한낮에 우물가로 와서 물긴는 여인에게 "물을 좀 달라"[7절]고 요청하십니다.

그런데 그 여인은 물을 드리지 않고, 예수 그리스도에게 "당신은 유대인으로서 어찌하여 사마리아 여인인 나에게 물을 달라고 하나이까?"[9절]라고 반문합니다. 이 질문을 통하여 그 여인이 사마리아의 사람들을 무시하던 유대인들에 대하여 마음속에 품고 있던 불만을 은근히 표시하는 듯한 태도를 보입니다. 그리고 "우리 조상 야곱이 이 우물을 우리에게 주셨고 …"[12절]라는 말을 통하여 사마리아 사람들도 유대인과 마찬가지로 야곱의 후손임을 주장합니다.

도날드 캡스에 따르면 이 여인의 태도는 자기애적 성향이 높은 사람의 특징을 보인다고 합니다. 자기애 성향이 높은 사람들은 상대방의 요청에 적절하게 반응하기보다 자신의 입장에 대해 변명하기 쉽습니다. 자기애적 성향이 높은 사람들은 스스로 자신에 대한 부끄러움, 즉 수치심을 쉽게 느끼는 경향이 있으며, 대인관계에서 방어적 태도를 취하기 쉽습니다.[56]

이 여인은 "우리 조상들은 이 산에서 예배하였는데 당신들의 말은 예배할 곳이 예루살렘에 있다 하더이다."[20절]라고 말함으로, 야곱이 마시던 우물이 있는 곳에서 예배를 드리는 사마리아 사람들이 유대인들과 비교하면 하나님께 예배드릴 자격에서 뒤지지 않는다고 주장하려는 듯한 말을 합니다. 그런데 대부분의 유대인 랍비는 이런 사마리아 여인의 태도를 보면, '무례하다', 또는 '부끄러운 줄을 모른다'라는 등의 비난의 반응을 보이기 쉬울 것입니다. 그러나 예수 그리스도는 이 여인을 꾸짖지 않으시고, "아버지께 참되게 예배하는 자들은 영과 진리로 예배할 때가 오나니 곧 이때라 아버지께서는 자기에게 이렇게 예배하는 자들을 찾으시느니라"[23절]라고 공감적으로 말씀하시며, 하나님께 예배드리는 이들의 출신이나 장소가 중요하지 않고, 진실된 태도가 더욱 중요하다고 가르치셔서 여인의 인정받고 싶은 욕구를 반영하십니다.[57]

결핍된 자기애의 욕구 충족, 수치심을 견딜 탄력성 강화

예수 그리스도의 대답을 들은 여인은 결핍된 자기애의 욕구가 충족되면서, 사람들을 피하던 수치심을 견딜 힘을 얻게 되었고, 마을에 뛰어가서 예수 그리스도가 메시야이심을 전파하게 됩니다[28절]. 예수 그리스도의 공감과 반영을 통하여 여러 번 결혼한 사실이 부끄러워 자기애적 성향이 강하여지고, 수치심을 느껴서 마을 사람들의 이목을 피해서 한낮에 우물가로 물을 길으러 오던 여인이 예수 그리스도를 만나고, 수치심을 견딜 수 있을 정도로 자기의 탄력성이 강화되며, 응집적 자기로 향하게 될 가능성이 커지게 되었습니다. 이런 관점에서 볼 때 예수 그리스도께서 사마리아 여인과 대화를 나누시는 장면은 상담이 진행되는 상황이며, 예를 들어서 "자신을 사랑하게 하기"라는 면담기법을 사용하는 것으로도 설명될 수 있습니다.[58]

따라서 본문의 예수 그리스도가 사마리아 여인에게 보이신 태도는 오늘날 목회자나 그리스도인이 자기애성이 높기 쉬워서 수치심을 느끼기 쉬운 성도나 내담자를 돌볼 수 있는 좋은 모범이 될 수 있습니다. 다시 말해서 공감적인 목회자나 그리스도인은 자기애성이 높은 성도나 내담자가 수치심으로 방어적인 태도를 보일 때, 그런 태도를 비난하기보다, 지속적으로 공감적인 반응을 보임으로써, 그들이 수치심을 견디면서 상처 입은 경험을 충분히 연상하고 재해석할 수 있도록 도와서, 자기애성이 낮아지고, 자기 구조가 탄력성을 회복하면서 지향적 자기 경험을 통해서 응집적 자기로 향하도록 도울 수 있음을 가르치고 있습니다.

지속적인 공감적인 태도, 응집적 자기를 위한 목회돌봄

오늘날 우리는 다른 시대보다 자기실현 및 자기 자신에 대한 사랑, 즉 자기애가 중요시되는 시대에 살아가고 있습니다. 자기애를 중시하는 시대의 긍정적인 특성은 개인의 삶의 목표, 의미, 자아실현의 추구로 이끄는 장점이 있지만, 반면에 부정적인 특성은 타인에 대하여 관심을 덜 갖는 태도를 지향하게 만들거나 지나치게 자기 자신의 약함이나 단점 등에 대하여 부끄러워하고 숨기는 태도로 이끌 수 있다는 데에 있습니다.

한편 프로이트는 리비도 이론을 통하여 건강한 자기^{코헛의 응집적 자기}는 외부 대상을 향하여 대상 리비도가 원만하게 발현되는 자기라고 말하였습니다. 이런 자기를 유지하는 개인은 외부 세상에 적절한 관심과 반응을 유지하고, 스트레스에 유연하게 대처하는 삶을 살아갑니다. 그러나 건강하지 못한 자기^{코헛의 자기애적 자기}를 가진 개인은 자기 안의 리비도가 외부 대상을 향하여 덜 발현되어서, 외부 세계에 대하여 적절한 관심과 반응을 보이지 못하고 스트레스에 취약한 삶을 살아가기 쉽지요.

그러나 오늘날 우리가 살아가는 세계는 치열한 경쟁과 승부를 강조하기 때문에, 점점 더 타인에게 적절한 반응과 관심을 보이기도 쉽지 않고, 또한 그런 반응을 얻게 되는 것도 수월하지 않기 때문에 건강한 응집적 자기를 경험하기가 쉽지 않습니다. 그러나 요한복음 4장에서 예수 그리스도가 자기애 성향이 강하여 수치심으로 괴로움을 겪던 사마리아 여인에게 보여주셨던 공감적인 태도는 목회자와 그리스도인이 경쟁과 실패 등으로 자기애성이 높아지면서 수치심을 겪는 현대를 살아가는 성도들과 내담자들이 자기애적 성향을 낮추고, 건강한 응집적 자기로 나아가도록 돕는 가능성을 높일 수 있도록 돕기 위한 모범을 보여주고 계십니다.

-

하나님 현존의 경험,
'홀로 있음의 능력'

일상에서 경험하는 하나님의 현존 경험

오늘날 많은 그리스도인이 교회 생활에서 참된 기쁨을 얻지 못한다는 불만을 말하곤 합니다. 그 한 원인으로 열심히 교회를 다니지만, 올바른 영성적 신앙생활을 실천하지 못하는 데에 원인이 있다고 생각합니다. 무엇보다 기독교 영성은 하나님과의 관계 경험에서 시작되기 때문에, 하나님과의 관계 경험은 그 어떤 것으로 대체될 수 없는 기독교 영성의 가장 기본 조건이라고 볼 수 있습니다. 이런 관점에서 영성을 '하나님과의 관계 경험을 유지하며, 일상에서 성령의 인도하심을 경험하는 삶'이라는 관점에서 바라보고자 합니다.[59] 또한 하나님과의 관계 경험과 관련된 영성적 입장에 기초해서 도날드 위니캇Donald Winnicott, 1896-1971 의 이론을 통해 인간관계 경험이 하나님과의 관계 경험의 기초가 된다고 설명하고자 합니다.

위니캇은 인간이 생의 초기에 주요 양육자에게 수용적이고 심리 발달을 촉진시키는 관계 경험을 하게 되어야, '홀로 있음'being alone 의 능력을 얻게 되고, 다른 대상과 안정된 관계를 맺을 수 있는 능력을 얻게 되며, 궁극적으로 하나님과 진실하고 깊은 관계를 맺게 될 가능성이 커진다고 주장하였습니다.[60]

한편 도날드 캡스는 인간이 내면에서 하나님과 관계를 경험하는 방식을 '하나님의 현존'The Presence of God 의 경험이라고 말을 합니다. 그리고 인간이 하나님의 현존을 경험하며 살아갈 때, 현실의 삶에서 겪게 되는 다양한 심리적 어려움을 견디며 안정을 유지하는 심리적 힘을 얻게 된다고 이야기합니다.[61] 이 글은 두 학자의 관점을 연결해서 '생의 초기에 주요 양육자를 통하여 수용적인 관계 경험을 하게 된 유아는 내면에 하나님과의 안정된 관계를 맺을 능력을 갖추게 되고, 그 하나님의 현존을 경험하게 될 가능성이 높으며, 삶의 어려움을 견딜 심리적 힘을 갖추게 된다'라고 주장하고, 바로 '일상에서 하나님의 현존을 경험하는 삶을 살도록 돕는 상담이 목회상담의 영성적 관점이라고 볼 수 있다'는 입장을 설명하고자 합니다.

어머니로부터 만나는 전능감의 세계

위니캇에 따르면 생의 초기에 유아는 어머니가 제공하는 환경 속에서 전능감을 경험합니다. 이 단계에서 유아는 어떤 것을 상상하게 되면 그것이 쉽게 현실에서 성취된다고 느끼기 쉽습니다. 예를 들어서 유아는 배가 고프다고 느끼면 젖을 먹게 되고, 춥다고 생각하면 따뜻하게 돌봄을 받고, 덥다고 생각할 때 시원함을 느끼게 되지요. 그러나 사실 생의 초기에 유아의 환상 속에서 바라는 모든 소망이 현실에서 그대로 이루어지는 이런 종류의 경험은 어머니가 유아에게 선사하는 선물입니다. 그러나 유아는 스스로, 마치 원하는 것을 무엇이든지 만들어내는 전능자와 같다고 느낄 수 있습니다.

그러다가 어느 순간부터 필연적으로 유아는 차츰 '나 자신'에 속한다고 인식되는 경험과 한편으로 '나 자신이 아닌' 것으로 인식되는 경험을 반복해서 얻게 됩니다. 이때부터 유아에게 상상하는 모든 것이 현실에서 그대로 이루어지는 세계가 서서히 사라지기 시작합니다. 유아는 자신이 원하는 것을 '옹알이' 등을 통하여 목소리로 표현하게 되고, 무엇인가를 먹고 싶다고 느낄 때 곧바로 젖을 먹을 수 없게 되면, 엄지손가락을 빠는 행동 등을 하게 되는데요. 이런 행동은 모두 자신이 전능하다고 느끼는 '주관적 전능감'과 전능감을 빼앗아가는 '객관적 현실' 사이를 연결시키는 시도이며, 이 시도를 통하여 유아의 심리는 완전히 상상의 세계에만 머물 수 없고, 그렇다고 현실 세계를 완전히 인식하게 될 수도 없기에, 상상과 현실 사이에서 머물게 되는 '중간현상'transitional phenomena을

겪습니다.[62]

놀이, 현실에서 만나는 상상 속의 즐거움과 행복

한편 유아가 안정된 중간현상을 반복해서 경험하게 되면서 내면의 욕구를 충족할 때 사용되는 외부 현실의 물건을 보거나 만질 때, 비록 홀로 있게 되어도, 그 물건을 사용하면서 충족되었던 욕구를 연상하게 됩니다. 이렇게 되면 실제 외부 현실 세계에 존재하는 물건이 내면의 어떤 욕구를 일깨우는 역할을 하게 됩니다. 다시 말해서 그 물건은 유아에게 단순히 외부 현실에 속하는 물건뿐만이 아니라, 외부 현실과 내면의 어떤 욕구의 충족 경험의 연상 작용을 연결시키는 물건으로 '나에게 속하지 않은' 외부 대상을 내면의 어떤 욕구를 대신 느끼게 하는 현실과 상상을 연결시켜 주는 물건인데요. 위니캇은 이 물건을 '중간대상'transitional object 이라고 불렀습니다.

처음에 중간대상은 내면의 세계와 분명하게 구별되는 외부 세계에 존재하는 대상, 다시 말해서 부드러운 이불, 천, 인형과 같은 물건의 인식에서 시작됩니다.[63] 그러나 이 외부 대상은 내면의 어떤 욕구를 연상시키는 대상이라는 점에서 다른 외부 현실의 물건과 다릅니다. 한 마디로 현실과 상상을 어느 중간지점에서 연결시켜주는 대상입니다.

유아가 처음 경험하는 중간대상은 엄마를 연상시키는 엄마의 젖가슴이며, 차츰 젖병, 이불 등도 중간대상이 됩니다. 이 중간대상들은 어머니의 부재시 유아가 경험하게 되는 심리적 불안을 감소시켜 주고, 어머니와의 관계를 상상할 수 있도록 돕습니다. 시간이 지나면서, 안정감을 주는 중간대상은 어머니의 부재시 느끼는 불안을 견디도록 돕는 차원을 넘어서서, 홀로 있게 되어도 유아가 자신의 욕구를 마음대로 충족시킨다고 느낄 때 누렸던 전능감을 상실하면서 겪게 되는 심리적 충격을 감소시키며, 현실을 수용하고 견디도록 돕는 데에까지 그 기능의 역할을 확장시킵니다.

다시 말해서 아동이 현실의 스트레스를 견디고, 편안하게 현실과 상상의 세계를 연결시키는 창조적 활동을 돕는 대표적인 중간대상의 역할이 바로 놀이입니다. 위니캇에 의하면, 놀이는 현실적 공간 속에서 현실의 물건을 가지고 시작하지만, 실제로 아동이 현실 속에서 상상세계를 만들어 즐거움과 행복을 경험하게 되는 독특한 행위라고 말을 합니다. 아동은 놀이에 몰두하면서 현실세계를 재료로 다시 자신만의 행복한 상상의 세계를 창조해내게 되며, 편안한 놀이를 경험하게 될수록 홀로 있을 수 있는 심리적 역량이 강화된다고 이야기합니다.

하나님 현존의 경험, 홀로 견디는 고독과 고난의 능력

하나님 현존의 경험은 외적인 삶의 다양하게 변하는 상황 속에서 내면에 하나님이 함께 머물고 있다는 인식으로 안정감을 유지할 수 있는 심리적 상태라고 지금까지 이야기해왔습니다.[64] 윌리엄 제임스^{William}

James는 인간의 삶에서 가장 중요한 것은 하나님과의 영원한 생명과 하나 됨을 의식적이고 역동적으로 실현해서, 인간이 자신의 내면을 그 영원한 생명력의 흐름에 내어놓는 것이라고 말을 합니다.[65] 그는 하나님과의 관계 단절감에서 인간의 모든 질병과 심리적 문제가 시작된다고 보는 입장에서, 하나님의 현존 경험을 체험하며 살아가는 태도의 중요성을 언급하였습니다. 그는 하나님과의 현존의 경험을 '신의 숨결의 흐름을 느낀다'라고 표현하며,[66] 하나님의 현존을 경험하는 영성적 삶이 타인에 의지하지 않고, 홀로 있으면서도 고독과 고난 등을 견딜 수 있는 심리적 안정감을 준다고 주장합니다.

임마누엘, 홀로 있을 수 있는 내면의 힘 공급

캡스에 따르면, 제임스는 『종교적 경험의 다양성』 *The Varieties of Religious Experience* 에서 심리적 건강에 대하여 심리치료와 영성적 상담의 차이점에 대하여 설명합니다. 제임스는 심리적 어려움에서 회복된 내담자에게 심리치료사는 내담자가 심리적으로 양호한 상태에 이르렀음을 스스로 깨닫도록 이끄는 것으로 치료가 완료되었다고 생각할 수밖에 없다고 말합니다. 그러나 반면에 영성적 상담자는 심리적 건강을 회복한 내담자에게 최종적으로 하나님은 온전하시며, 그런 하나님을 믿는 내담자도 온전할 수 있다는 심오한 영성적 차원의 인식에까지 이르도록 도울 수 있다고 말을 합니다.[67]

다시 말해서 캡스는 제임스의 관점을 근거로 목회상담자는 내담자가 내면의 "영혼의 힘"을 기르도록 도와서, 내담자가 단순히 현재 겪고 있는 심리적 어려움을 극복하는 단계를 넘어서서, 하나님 현존의 경험을 통하여 근본적으로 삶 속에서 겪게 되는 불안을 견디도록 돕는 역할을 감당해야 한다고 이야기합니다.[68]

보다 구체적으로 하나님의 현존 경험의 가능성을 돕는 영성적 관점의 목회상담은 심리치료를 부정하기보다 심리치료의 효과를 동반하면서 더욱 근원적으로 심리적 안정을 도울 수 있는데요. 기본적으로 제임스가 말하는 영원한 생명과 연결된 인간의 내면의 힘은 하나님 현존의 경험으로 묘사되며, 그리스도인들은 근본적으로 내면에 하나님의 신성한 존재의 인식 속에서 세상의 모든 고난과 어려움을 극복하며 살아갈 수 있는 은총을 입은 자들이라는 함의를 전달합니다.[69]

더 나아가서 지속적인 하나님 현존의 경험은 삶에서 겪게 되는 공포감 등의 심리적 어려움 자체를 완전히 제거하기보다는, 오히려 그 어려움을 견디며 홀로 있을 수 있는 내면의 힘을 공급합니다. 그런 상황 속에서도 자신이 외톨이가 아니라, 바로 그곳에 하나님이 함께 계심을 확신하게 되면서 안전감을 얻게 되는 것입니다. 특히 캡스는 성공적인 삶을 살아가야 한다고 생각하며 그렇지 못할 때 좌절과 낙심에 빠지기는 쉽지만 타인에게 적절한 위로를 받기는 어려운 현대인이 비록 홀로 있지만 내면에서 하나님 임재의 경험을 통하여 자유로움과 평안을 얻는 심리적 힘을 공급받을 수 있음을 강조하는 것 같습니다.[70]

여호와여 내 마음이 교만하지 아니하고

내 눈이 오만하지 아니하오며

내가 큰 일과 감당하지 못할 놀라운 일을 하려고

힘쓰지 아니하나이다

실로 내가 내 영혼으로 고요하고 평온하게 하기를

젖 뗀 아이가 그의 어머니 품에 있음 같게 하였나니

내 영혼이 젖 뗀 아이와 같도다

이스라엘아 지금부터 영원까지 여호와를 바랄지어다[71]

이 시편 131편은 캡스와 제임스의 입장에 근거한 하나님 현존을 경험하며 사는 그리스도인의 심리적 상태를 잘 설명하고 있다고 보는 성경 말씀입니다. 특히 본문의 세 번째 줄과 네 번째 줄의 '큰 일과 감당하지 못할 놀라운 일을 하려고 힘쓰지 아니하나이다'라는 내용은 그리스도인들이 살아가면서 겪게 되는 수많은 고난 속에서 자신의 약함을 체험하며 포기하는 태도를 뜻하는 것이 아니라, 하나님 현존의 경험이 주는 안위와 평안함 속에서 홀로 지나친 성취지향적 삶이 주는 불안이나 공포를 견디는 심리적 힘을 갖추게 되는 변화를 함의합니다.

이런 태도가 중요한 이유는 크게 성공한 이후에도 오히려 교만하지 않고 겸허하게 하나님께 그 영광을 돌리는 미덕의 태도로 이끌며, 삶의 굴곡과 영욕 속에서 변함없이 꾸준히 하나님의 현존 경험을 추구하는 안정된 심리를 얻도록 돕기 때문입니다.

제임스는 모든 시대에 하나님의 현존을 경험하는 이들은 타인의

지지나 관심에 지나치게 의존하지 않으며, 홀로 있으면서도 하나님에 대한 무한한 신뢰를 경험하며, 타인에게 넉넉한 사랑을 베풀면서도, 온유함 속에 교만함의 함정에 빠지지 않는 영성적 유익을 누리고 살아가는 은총을 받은 이들이라고 말하고 있습니다.[72]

안정적이고 수용적인 목회돌봄, 홀로 있음의 능력을 제공

신앙생활은 본질적으로 내면에 하나님과의 관계 경험을 추구하는 영성적 관점을 가지고 있습니다. 오늘날 기독교인들의 숫자가 결코 적지 않음에도 불구하고 사회에서 고난을 견디며 신앙의 본을 보이는 기독교인들을 찾아보기 힘들다는 평가는 하나님과의 관계 경험을 통하여 삶의 문제를 해결하는 영성적 태도를 갖춘 성도가 드물다는 현실을 의미하는 것으로 이해할 수 있습니다. 이 글은 이런 현대의 신앙적 태도에 대해서, 하나님 현존 경험의 가능성을 돕는 목회상담의 의의에 대하여 이야기한 것입니다.

이 글은 초반에 위니캇의 입장에 근거해서 기본적으로 생의 초기에 주요 양육자와의 안정적이고 수용적인 관계가 좋은 내적 관계로 내면화하고, 그 내면화가 공급하는 심리적 힘을 통하여 홀로 있음의 능력을 발전시켜야 한다고 설명하였습니다. 또한 제임스의 입장에 따라서 하나님이 주시는 생명의 힘을 공급받게 되면, 비록 홀로 있게 되어도 심리치료가 주는 심리적 위안을 넘어서 영혼의 힘을 키우도록 도울 수 있음을 설명하였습니다. 또한 캡스의 관점에서 불안이나 공포 등의 심리적 어려움을 홀로 견디기 위해서, 단순한 심리적 안정의 상태를 넘어서서, 근본적으로 변하지 않는 안정감을 주는 하나님 현존의 경험이 필요하다고 주장하였습니다.

따라서 이런 관점에서 목회자, 목회상담자 그리고 그리스도인은 생의 초기에 홀로 있음의 능력을 충분히 키우지 못한 성도나 내담자가 안정적이고 수용적인 관계 경험을 통하여 홀로 있음의 능력을 키울 기회를 제공할 필요가 있음을 강조하고 싶습니다. 이런 기회의 제공이 생의 초기에 주요 양육자와의 안정된 관계 경험이 부족하였던 성도나 내담자에게 하나님 현존의 경험으로 이끌 가능성을 높이는 소중한 기회가 될 수 있다고 생각하기 때문입니다.

message 06

–

탈진을 피하는 방법[73]

문제가 없다구요? 그는 산 목숨이 아니지요.

'상처 입은 치유자'the wounded healer 라는 용어는 칼 융Carl G. Jung, 1875-
1961이 언급한 이래로 많은 심리학자와 철학자 사이에서 인용되거나 차
용되었습니다.[74] 이 용어는 누군가를 돕거나 치유를 매개하는 훌륭한 사
람이어도 상처받을 수밖에 없는 실존임을 나타내는 말이며, 동시에 상처
를 입었다고 할지라도 치유자로서 역할 할 수 있다는 인간 실존의 가능성
에 대한 말입니다.

바울은 다메섹 도상에서 자신이 핍박하던 예수님을 만났습니다.
그에게 이 경험은 자신의 모든 것을 뒤바꿔 놓는 변형의 경험이었습니다

행 26:12-18. 그런데도 그는 로마서 7장 22-24절에서 "내 속사람으로는 하나님의 법을 즐거워하되 내 지체 속에서 한 다른 법이 내 마음의 법과 싸워 내 지체 속에 있는 죄의 법으로 나를 사로잡는 것을 보는도다. 오호라, 나는 곤고한 사람이로다. 이 사망의 몸에서 누가 나를 건져내랴."라고 솔직하게 고백하며, 여전한 심리 내적 갈등을 토로했습니다.

무한에 대한 영적 경험이 인간의 유한성을 완전히 뒤바꾸지 못하는 것처럼 보일지라도, 이를 초월성에 대한 인간 심리의 승리라고 단정할 수는 없습니다. 왜냐하면 바울의 고백을 '회개'라는 영적인 경험으로 이해해야 하기 때문입니다.

신앙인으로서 우리는 상처 입은 치유자여야 합니다. 우리는 상처받을 수밖에 없고 상처로 인해 몸서리를 칠 수밖에 없는 존재입니다. 이를 부정할 수는 없지요. 그러나 우리는 우리의 상처에 매몰될 수 없습니다. 오히려 그 상처를 통해 하나님을 만나는 은총을 경험하며, 받은 은총을 누군가를 위해서 나눠주는 치유자로 살아야 합니다.

그렇다면 우리는 우리의 상처를 해결할 수 있어야 하는 것 아닐까요?

상처를 해결한다고 해서 상처를 사라지게 하거나 없애려고 하는 것은 헛된 망상과 같은 몸부림입니다. 절대로 사라지거나 없어지지 않을 것이기 때문입니다. 시간이 지나면 해결될 것이라구요? 아니요. 그렇지 않습니다. 그렇다면 어떻게 해결해야 할까요?

지워지지도 사라지지도 않는 상처와 '더불어' 살아갈 수 있어야 합니다. 그렇다면 어떻게 더불어 살아갈 수 있을까요? 상처와 더불어 살아가려면 자신에 대해 분명히 알아야 하며, 또 자신에게 상처와 함께 할 수 있는 용기, 즉 힘이 있어야 합니다. 그래서 먼저 자신을 분명히 알기 위해 자신을 진단하는 방법을 몇 가지 제안하고자 합니다.

탈진 해결을 위한 첫걸음: 너 자신을 알라

먼저 침신대 유재성의 탈진에 대한 자가 진단지를 활용해 자기의 현재위치를 파악해 봅시다. 각 항목마다 자신의 상태에 해당되는 곳에 ✓표를 하고 1-5점 스케일로 계산합니다. 즉 "매우 그렇다"면 1점, "어느 정도 그렇다"면 3점, "전혀 아니다"면 5점인데, 자신의 상태를 점검해 보고 1-5점까지 점수로 나타내는 것입니다. 체크한 곳의 점수를 합산하면 자신의 탈진 증상 지수가 나오게 됩니다. 지수가 1-25에 해당한다면 심한 탈진가운데 있는 상태로 즉시 전문상담가의 도움을 받아야 합니다. 더불어 자신이 스트레스를 받고 있는 일들을 정리하거나 그만둬야 합니다. 만약 지수가 26-50에 해당한다면 이미 탈진의 기초적인 증상이 나타나고 있거나 탈진을 향해 가고 있다고 볼 수 있습니다. 이때는 자신이 하고 있는 일 가운데 몇 가지를 정리할 필요가 있습니다. 만약 지수가 51-75에 해당한다면 자신을 관리하는데 좀 더 신경을 써야 합니다. 지수가 76-100에 해당한다면 대체적으로 건강하고 균형 잡힌 방법으로 살아가고

있다고 볼 수 있습니다.[75]

자신이 탈진을 경험하고 있는지 혹은 그렇지 않은지를 객관적으로 살펴보는 것입니다. 아래 진단지를 솔직하게 활용하시기를 부탁드립니다.

번호	탈진 증상	매우 그렇다		어느정도 그렇다		전혀 아니다
1	나는 맡은 역할을 제대로 못하고 있는 것 같아 죄책감을 느낀다.	□	□	□	□	□
2	나는 요즈음 권태감과 무력감, 조급함, 분노, 냉소적 태도 등을 느낀다.	□	□	□	□	□
3	나는 최근에 자주 두통이나 불면, 식욕부진 등의 신체적 증상을 느낀다.	□	□	□	□	□
4	나는 내 자신이 누구인지, 무엇을 하는 사람인지 모르겠다.	□	□	□	□	□
5	나는 노력한 만큼의 결과나 자신의 진가가 인정되지 않는다고 생각한다.	□	□	□	□	□
6	나는 집에서 대화가 줄어들고, 부부관계, 성생활에 어려움을 느낀다.	□	□	□	□	□
7	나는 요즈음 사람 만나기를 피하고, 거리감, 소외감, 고립감을 느낀다.	□	□	□	□	□
8	나는 요즈음 일에 대한 압박감과 책임감으로 사람 만나기가 두렵다.	□	□	□	□	□
9	나는 최근에 일을 계획하고 실행하는데 예전처럼 집중을 하지 못한다.	□	□	□	□	□
10	나는 내가 하는 일이 가치가 없으며 희망이 없다고 느낀다.	□	□	□	□	□
11	나는 예전보다 어떤 일을 명료하게 생각하고 결정하는 것이 어렵다.	□	□	□	□	□
12	나는 내가 해야 할 일이 너무 많아 일에서 손을 떼기가 힘이 든다.	□	□	□	□	□
13	나는 요즈음 자주 나 자신이나 타인을 비난 혹은 책임을 돌린다.	□	□	□	□	□
14	나는 내 인생의 수고와 노력이 공허하고 무의미하게 느껴진다.	□	□	□	□	□

15	나는 최근에 웃음과 유머, 운동이나 여가시간을 갖기가 어렵다.	☐	☐	☐	☐	☐
16	나는 내 자신이 막다른 골목에 도달했다는 생각이 든다.	☐	☐	☐	☐	☐
17	나는 최근에 말씀묵상과 기도에 어려움을 느낀다.	☐	☐	☐	☐	☐
18	나는 늘 피곤하고 활력이 없으며, 일상의 일들을 수행하기 어렵다.	☐	☐	☐	☐	☐
19	나는 최근에 교회 혹은 직업을 바꾸고 싶다는 생각을 자주 한다.	☐	☐	☐	☐	☐
20	나는 요즈음 자살하고 싶은 충동을 느끼곤 한다.	☐	☐	☐	☐	☐
항목 총점					점	

두 번째로 모리스 로젠버그Morris Rosenberg가 개발한 검사를 전병제가 번안한 자아존중감 척도Self Esteem Scale:SES를 활용해 자신의 자아존중감을 진단해 보면 좋겠습니다.[76] 척도를 통해 자신이 경험하는 탈진의 요인을 가늠할 수 있으며, 동시에 최근 3개월 이내에 어떤 일이 자신에게 있었는지 반추할 수 있기 때문입니다.

문 항	대체로 그렇지 않다	보통 이다	대체로 그렇다	항상 그렇다
1. 나는 내가 다른 사람들처럼 가치 있는 사람이라고 생각한다.	☐	☐	☐	☐
2. 나는 좋은 성품을 가졌다고 생각한다.	☐	☐	☐	☐
3. 나는 대체적으로 실패한 사람이라는 느낌이 든다.	☐	☐	☐	☐
4. 나는 대부분의 다른 사람들과 같이 일을 잘 할 수가 있다.	☐	☐	☐	☐

5. 나는 자랑할 것이 별로 없다.	☐	☐	☐	☐
6. 나는 내 자신에 대하여 긍정적인 태도를 가지고 있다.	☐	☐	☐	☐
7. 나는 내 자신에 대하여 대체로 만족한다.	☐	☐	☐	☐
8. 나는 내 자신을 좀 더 존경할 수 있으면 좋겠다.	☐	☐	☐	☐
9. 나는 가끔 내 자신이 쓸모없는 사람이라는 느낌이 든다.	☐	☐	☐	☐
10. 나는 때때로 내가 좋지 않은 사람이라고 생각한다.	☐	☐	☐	☐

이후 해야 할 자가 진단 체크리스트는 우울증 자가 진단과 상태불안 척도 검사입니다. 먼저 듀크대Duke University 윌리엄 중William Zung의 우울증 자가 진단표를 활용하여 자신의 우울증 지수를 확인해 봅시다.[77] 탈진이 깊어질수록 우울증적 양상이 도드라지기 때문입니다.

내 용	아니다 또는 거의 그렇지 않다	때때로 그렇다	자주 그렇다	거의 항상 그렇다
1. 나는 의욕이 없고 슬프다.	☐	☐	☐	☐
2. 하루 중 아침에 가장 기분이 좋다.	☐	☐	☐	☐
3. 갑자기 울거나 울고 싶을 때가 있다.	☐	☐	☐	☐
4. 잠을 잘 못자거나 아침에 일찍 깬다.	☐	☐	☐	☐
5. 나는 평상시와 같이 잘 먹는다.	☐	☐	☐	☐
6. 나는 이성과 이야기하고 함께 있기를 좋아한다.	☐	☐	☐	☐

7. 체중이 줄고 있다.	☐	☐	☐	☐
8. 변비가 있거나 배변 활동이 원활하지 못하다.	☐	☐	☐	☐
9. 심장이 평상시보다 빨리 뛰거나 두근거린다.	☐	☐	☐	☐
10. 별 이유 없이 몸이 나른하고 피곤하다.	☐	☐	☐	☐
11. 나의 정신은 예전처럼 맑다.	☐	☐	☐	☐
12. 나는 어떤 일이든지 예전과 같이 쉽게 처리한다.	☐	☐	☐	☐
13. 나는 안절부절못하고 가만히 있을 수가 없다.	☐	☐	☐	☐
14. 나의 장래는 희망적이라고 생각한다.	☐	☐	☐	☐
15. 나는 평소보다 짜증이 많아졌다.	☐	☐	☐	☐
16. 나는 매사에 결단력이 있다고 생각한다.	☐	☐	☐	☐
17. 나는 유익하고 필요한 사람이라고 생각한다.	☐	☐	☐	☐
18. 나는 내 삶이 충만하고 가치가 있다고 느낀다.	☐	☐	☐	☐
19. 내가 죽어야 남들이 편할 것 같다.	☐	☐	☐	☐
20. 나는 전과 같이 즐겁게 일한다.	☐	☐	☐	☐
합 계 점 수				

그리고 이어서 찰스 스필버거Charles D. Spielberger의 상태불안 척도 State-Trait Anxiety Inventory를 통해 자신의 불안 지수를 확인해 봅시다.[78] 불안과 스트레스는 정비례하며 동시에 탈진과 깊은 연관이 있기 때문입니다.

항목	전혀 아니다	약간 그렇다	그런 편이다	아주 그렇다
1	나는 마음이 차분하다.	☐	☐	☐	☐
2	나는 마음이 든든하다 .	☐	☐	☐	☐
3	나는 긴장되어 있다.	☐	☐	☐	☐
4	나는 후회스럽고 서운하다.	☐	☐	☐	☐
5	나는 마음이 편하다.	☐	☐	☐	☐
6	나는 당황해서 어찌할 바를 모르겠다.	☐	☐	☐	☐
7	나는 앞으로 불행이 있을까 걱정하고 있다.	☐	☐	☐	☐
8	나는 마음이 놓인다.	☐	☐	☐	☐
9	나는 불안하다.	☐	☐	☐	☐
10	나는 편안하게 느낀다.	☐	☐	☐	☐
11	나는 자신감이 있다.	☐	☐	☐	☐
12	나는 짜증스럽다.	☐	☐	☐	☐
13	나는 마음이 조마조마하다.	☐	☐	☐	☐
14	나는 극도로 긴장되어 있다.	☐	☐	☐	☐
15	내 마음은 긴장이 풀려 푸근하다.	☐	☐	☐	☐
16	나는 만족스럽다.	☐	☐	☐	☐
17	나는 걱정하고 있다.	☐	☐	☐	☐
18	나는 흥분되어 어쩔 줄 모른다.	☐	☐	☐	☐

| 19 | 나는 즐겁다. | ☐ | ☐ | ☐ | ☐ |
| 20 | 나는 기분이 좋다. | ☐ | ☐ | ☐ | ☐ |

탈진을 피하는 세 가지 방법

앞에서 실시한 자가 진단지 가운데 단 하나의 진단에서도 문제가 있다면, 제안하는 세 가지 탈진을 예방하는 방법을 꼭 기억해 두시기를 권면 드립니다. '왜 나는 이럴까?'라며 자책하기보다 '사람이니 당연하지.' '내가 최근에 많이 힘들었나 봐.'하고 담담하게 받아들이는 것입니다. 그리고 제안하는 것을 한 달 동안 꾸준히 한번 해 보세요. 확연히 달라진 자신을 발견할 수 있을 것입니다.

먼저 영적인 부분의 자기관리입니다. 저는 '자기돌봄의 말씀 묵상'을 제안합니다. 제안하는 말씀 묵상은 아주 단순한 세 가지 단계로 구성되어 있습니다.

첫째는 자신의 선택으로 말씀을 읽고 묵상하는 단계입니다. 인간은 경험하는 존재이지요? 그런데 인간이 경험한 경험은 그에게 흔적^{stigma} 을 남기게 됩니다. 이 흔적을 긍정적으로 표현하면 내적 동기^{inner motivation} 라고 하고, 부정적으로 표현하면 상처 혹은 외상^{trauma} 이라고 합니다.

내적 동기라 불리건, 외상이라 불리건, 형성된 흔적이 추후 경험하는 경험들과 일정한 패턴을 형성하게 되면 개성^{personality}을 갖게 됩니다. 개성이 반복적으로 외부에 표출이 되면 그것을 성격^{character}이라고 부르기도 하지요. 때문에 개성이건 성격이건 오랜 세월에 걸쳐 경험 위에 경험이 누적되어 형성된 인간 심리의 프레임이라고 할 수 있는 것입니다. 이 프레임은 개개인에게 독특한 선입견, 혹은 자신만의 관점을 갖게 합니다. 하나님의 말씀이지만 내가 말씀을 선택하게 되고 내가 그 말씀을 해석하게 되는 이유가 되는 것입니다.

그러니 본문이 어디가 되었건, 그 말씀을 읽으며 정해진 시간, 정해진 장소에서 읽으세요. 읽은 본문의 말씀 가운데 참 좋은 부분이 있다면 반복해서 읽으며 암송하세요. 그리고 암송한 말씀이나 구절을 기도에 접목하세요. 말씀에 기초하여 기도하는 것이지요.

두 번째는 말씀이 자신을 읽는 단계입니다. 자기중심적으로 읽던 말씀이 하나님 중심으로 읽히는 단계입니다. 사실 어떻게 자신이 가진 관점을 포기하고 하나님의 관점으로 전환할 수 있을까요? 이 과제를 해결하기 위해 많은 종교에서는 고행과 수련이라는 훈련을 제안하기도 합니다. 무아의 경지에 이르기 위해, 해탈과 열반이라는 큰 깨달음^{大悟}을 위해, 자신을 깊은 고통으로 몰아가기도 합니다. 혹은 분주한 일상생활을 떠나 고요와 침묵으로 자신을 이끌어^{避靜} 어떤 명상의 상태를 유지하려고 노력합니다. 그리고 자신을 무^無의 상황으로 이끄는 참선^{參禪}을 이루려고도 합니다.

그러나 기독교에서는 이 두 번째 단계를 인간 노력의 결과로 보지 않습니다. 하나님의 은혜로 가능하다고 생각합니다. 따라서 자신이 어떤 존재이건 어떤 상황이건 상관이 없습니다. 하나님의 사랑으로 유한한 자신을 덮는 것입니다. 이때 필요한 것은 누가복음 18장 9-14절에 나타난 세리의 회개입니다. 회개는 하나님의 은혜를 경험하는 통로이며, 동시에 하나님의 은혜로 세상을 바라보도록 이끄는 대전환의 '모체'matrix인 것입니다. 그러므로 말씀이 자신을 읽게 하도록 자신을 언제나 회개의 자리에 두어야 합니다. 하나님의 은혜를 간구하는 것입니다. "하나님, 도와주세요. 저는 죄인입니다. 저를 불쌍하게 여겨 주세요."

세 번째, 회개 가운데 하나님의 은혜라는 신비를 경험하는 단계는 단지 신비주의로 귀결되지 않습니다. '어찌할꼬?' 하며 말씀을 살아내며 실천하려는 동기를 갖기 때문입니다. 하나님의 은혜에 대한 응답으로서 말이지요. 그래서 자신으로서는 할 수 없는 일을 하기도 합니다. 그리고 모든 일을 전심으로 마친 후, 자신이 했다고 하지 않고 "하나님께서 하셨습니다."라고 고백합니다. 하나님께 모든 영광을 돌리고, 자신에 대해서는 "무익한 종이라. 제가 해야 할 일을 한 것 뿐입니다눅 17:10."라고 자신의 지분을 포기합니다.

이렇게 영적인 자기돌봄의 시간을 꾸준히 그리고 진실하게 갖는 것이 정말 중요합니다. 그리고 두 번째로 제안하고자 하는 것은 정서적인 자기돌봄입니다.

먼저 아래 칸에 있는 다양한 형용사들 가운데 최근 3개월 이내에 자신을 표현하거나 자신과 어울린다고 생각하는 단어들 10개를 골라내 봅시다.[79]

소중한, 찬란한, 소심한, 기쁜, 염려하는, 능글거리는, 섭섭한, 담담한, 사랑스러운, 섬세한, 과격한, 거친, 발랄한, 솔직한, 깊은, 얌전한, 제멋대로인, 능글거리는, 매혹적인, 말 많은, 도전하는, 못난, 논쟁하는, 욕심 많은, 욱하는, 고상한, 경쟁적인, 배려 있는, 창피한, 가슴 두근거리는, 슬픈, 애원하는, 날씬한, 구걸하는, 병약한, 둔감한, 반발하는, 웃기는, 가증스러운, 도전하는, 조롱하는, 멋진, 부풀리는, 권위적인, 설득하는, 애교 있는, 친절한, 모자란, 뚱뚱한, 천하태평인, 따뜻한, 아름다운, 우울한, 약한, 영리한, 우아한, 부정적인, 능글능글한, 이해할 수 없는, 부드러운, 병든, 아픈, 신중한, 살고 싶은, 신경질적인, 자상한, 놀라운, 무드 있는, 무뚝뚝한, 불안한, 예민한, 걱정하는, 무시하는, 엄청난, 무식한, 민망한, 조그마한, 아픈, 미운, 화나는, 속상한, 구슬픈, 똑똑한, 긍정적인, 무딘, 교활한, 풍성한, 볼품없는, 무심한, 해로운, 덕스러운, 시끄러운, 마른, 강한, 씩씩한, 어울리는, 잘 노는, 쾌활한, 대담한, 큰, 과격한, 탐욕스러운, 더러운, 깨끗한, 화려한, 밝은, 순수한, 순종적인, 어여쁜, 게걸스러운, 뚱뚱한, 바보 같은, 죽어야 하는, 이상한, 천한, 혹은 본인이 선택한 형용사를 적어 보세요.

골라낸 10개의 형용사 가운데 다시 3개를 골라내 보세요. 자신이 선택한 세 개의 형용사를 바라보며 최근 3개월 이내에 어떤 일이 있었는지를 반추해 봅시다. 그리고 자신에게 있었던 일들과 그때 느낀 감정들을 적어봅시다.

만약 본인이 선택한 형용사 가운데 단 하나라도 부정적인 단어가 포함되어 있다면, 자신의 정서를 잠시 들여다볼 필요가 있습니다.

인간의 감정을 크게 네 가지, 즉 기쁨, 슬픔, 분노와 불안으로 구분할 수 있는데요. 네 가지 감정들을 느끼는 상황들을 스무 가지씩 적어 보는 것입니다. 예를 들어, 기쁨이라는 감정이 언제 발생하는지 그 상황을 스무 가지 적어 보면, 그 안에 어떤 특징적인 패턴을 발견하게 될 것입니다. 혼자 있을 때 기쁘다든지, 혹은 어떤 일을 할 때 기쁘다든지, 하는 패턴을 발견하면서 자신이 가진 기쁨의 특징을 이해할 수 있을 것입니다. 마찬가지로 나머지 감정들도 상황을 적어보세요.[80] 사실 스무 가지 상황 모두를 적기는 쉽지 않을 거예요. 하지만 몇 시간이 걸려도 좋으니 꼭 다 적어보세요.

그리고 한 가지 더! 자신에게 유의미한 사람들에 대한 솔직한 느낌을 적어보세요. 노트를 꺼내 각 장의 맨 위에 자신의 주 양육자아버지 어머니, 혹은 할아버지 할머니, 삼촌 이모 등 한 사람과, 또 다른 장에는 자신이 가장 중요하게 여기며 자신에게 가장 큰 영향을 끼친 사람 가운데 긍정적인 인물 한 사람, 그리고 그다음 장에는 부정적인 인물 한 사람을 선택하여, 그 사람들에 대한 자신의 느낌을 가감 없이 적어 보는 것입니다.[81] 그리고 적은 내용을 찬찬히 들여다보며 자신과 자신의 삶을 반추해 보세요. 정리하는 것이지요.

간단한 개인 워크숍과 같은 활동이지만 이 일을 통해 마음이 만져지는 것과 같은 혹은 뭔가 정리가 되는 것과 같은 느낌을 받게 되실 거예요.

'정서적 자기돌봄'은 먼저 스스로에 대한 부정적인 자기상自己像이 있는지 살펴보고, 스스로에 대한 부정적 자기 인식이 있다면, 이는 곧 스트레스로 인한 탈진으로 흘러갈 개연성이 크다는 것을 의미합니다. 따라서 자신의 감정과 대상 관계적 측면의 자기상 형성의 특징을 살펴보자는 것입니다. 특히 이를 글로 나타내는 것은 심리적 위안으로 작동합니다. 왜 그런 감정을 느끼는지, 또 어디에서 그 감정이 초래되었는지를 살펴보는 것은 자신의 현재위치를 파악하는 것이며, 자신의 현재위치를 분명히 안다는 것은 어디로 어떻게 가야 하는지에 대한 목표설정이 가능하기에, 탈진으로 인해 혼란한 마음에 안정감을 주는 것입니다.

마지막으로 제안하고자 하는 것은 '몸을 위한 자기돌봄'입니다. 자기 인정 진술서를 작성하고[82] 자신의 몸을 어루만지거나 사랑스럽게 주무르며, "미안해, 힘들지, 고마워, 사랑해"를 말하는 것입니다.

그리고 에드문드 제이콥슨Edmund Jacobson, 1888-1983의 수정된 "점진적 근육긴장 이완기법"progressive muscular tension-relaxation method을 소파에 기대거나 침대에 누워 실시해 보세요.[83]

스트레스의 상황이 극에 달해 탈진하게 되면, '신체화 장애'나 '불안장애' 등의 증상을 경험할 개연성이 커집니다. 이때 자신을 위한 몸 관리는 몸이 느끼는 통증이나 증상을 완화 시켜줍니다. 그리고 탈진-증상발현-불안-탈진심화-증상심화라는 악순환의 고리에 제동을 걸어줍니다.

한 사람의 변화, 공동체의 변화

우리는 사람입니다. 그러니 상처가 없을 수 없지요. 그러나 우리는 상처 입은 치유자가 되어야 합니다. 탈진을 경험하는 이유가 자신의 욕심 때문은 아니었는지, 또 하나님 앞에서 바벨탑을 쌓고자 교만했던 것은 아니었는지 자신을 돌아볼 필요가 있습니다.

물론 모든 탈진이 욕심과 교만의 결과는 아닐 거예요. 오히려 하나님 나라를 위한 헌신으로 살았기에 탈진을 경험할 수도 있기 때문입니다. 그러나 기억하세요. 자신의 한계를 인정하고 자신을 돌보는 노력을 한다는 것은, 하나님의 성전으로서 자신을 지키는 일이며 고전 3:16-17, 자신에게 향하신 하나님의 뜻을 이루어가는 것이라는 사실을 말입니다.

탈진에서 자유로운 삶 brun-out free life 은 결국 자신이 어떤 존재인지, 어떤 한계를 가지고 있는지를 분명히 알고, 하나님의 은총으로 자신을 수용할 줄 알며, 상처가 가득한 자신의 삶이라 할지라도 활용하는 것을 말합니다.

윤동주 시인이 말했지요? "나무가 춤을 추면 바람이 불고, 나무가 잠잠하면 바람도 자오." 한 사람이 건강해지면 그가 속한 공동체가 건강해집니다. 그리고 세상도 밝아집니다. 만약 우리 한 사람의 목회상담자가 탈진 없는 건강한 삶을 유지한다면 그가 만나는 내담자도, 그가 속한 교회도, 사회도 건강해질 것입니다.[84]

에필로그

2015년 10월 안타깝게 세상을 떠난 시인 홍윤숙은 그의 마지막 시집에서 고통의 미학에 대해 이야기했습니다. "고통, 네 덕에 여태 살았다!" 그의 말은 울림 깊은 지혜로 다가옵니다. "결국 고통은 생의 알맹이, 핵심이며 인간을 존재케 하는 생명의 불이다. 따라서 문학의 중심 주제는 고통이며 그것을 밝히고 증언하면서 그 고통에서 희망 또는 해답을 끌어내는 고통의 미학이라고 말 할 수 있다."[85]

인간은 만족을 지향합니다. 그러나 만족은 무엇인가 염원하던 것이 채워진 순간에 느끼게 되는 찰나적 쾌감에 불과합니다. 그래서 만족은 지속되거나 유지되는 일이 불가능합니다. 그러나 자족은 채워지지 않았음에도 갖게 되는 마음의 풍요입니다. 성경의 용어로는 샬롬입니다.

샬롬, 즉 평안은 고요함과 비슷합니다. 고요는 적막과 다르지요. 적막은 어떤 소리도 들리지 않는 음소거의 상태이지만, 고요는 소리의 유무와 상관이 없기 때문입니다. 그래서 고요함은 시끄러운 장소에서도 경험할 수 있습니다. 평안 역시 모든 것이 정리되고 문제가 사라졌기에 경험하게 되는 것이 아닙니다. 그래서 평안을 고요와 비슷하다고 말하는 것입니다.

성경이 말하는 평안! 그 평안이 자족을 닮았습니다. 그리스도인은 자족하는 사람들입니다. 무엇인가 충족되었기에, 혹은 여유로움을 갖게 되었기에 소유하게 되는 그런 차원과 다른 평안을 경험하기 때문입니다. 무엇인가 채워지지 않아도, 혹은 촉박한 시간의 긴장 속에서 해야 할 일이 너무 많아 허둥지둥할 때에도, 평안할 줄 아는 자족을 유지할 줄 알기 때문입니다.

이러한 자족을 어떤 깨달음의 경지로 생각하거나, 불교에서 말하는 해탈Nirvana의 의미로 여길지도 모르겠으나, 사실 그런 생각은 자족의 의미를 충분히 설명하진 못합니다. 왜냐하면 자족은 철저히 현실에 기초하기 때문입니다. 때문에 현실과 실존을 이겨내라거나, 극복하라거나, 혹은 현실을 무시하라거나, 혹은 달관이나 해탈해야 한다는 의미가 아닙니다. 오히려 우리를 힘들게 하는 현재를 두 눈 똑바로 뜨고 바라보며 살아내라는 것입니다. 내면의 알 수 없는 불안과 공포 역시 우리는 회피할 수 없을 것입니다. 그런 현실을 피하지 않고 오히려 현실을 수용하며 그 안에서 풍성함을 경험하는 것입니다.

이 책을 읽는 우리 모두가 그런 자족을 경험할 수 있기를 간절하게 소망합니다. 우리 하나님께서 반드시 잘해주실 겁니다. 하나님께서 살아계시니 말입니다.

1   공광규, "걸림돌," 「황해문화」 62 (2009.3), 160.

2   이재무, "슬픔에게 무릎을 꿇다," 「실천시선222, 슬픔에게 무릎을 꿇다」 (서울: 실천문학사, 2014), 11.

3   곽해룡, "할머니 소원," 「이 세상 절반은 나」 (서울: 우리교육, 2011), 29.

4   Donald Capps. 김태형 역, 「사회공포증」 (대전: 엘도론, 2015).

5   이 메시지의 내용은 이상억, "종교지도자의 정신병리와 대처방안," 한국기독교상담심리학회 편, 「종교적 경험과 심리」 (서울: 학지사, 2018), 307-326의 내용을 발췌, 수정하여 작성하였음을 밝힌다.

6   G. Niederauer, "Self-Examination" *Dictionary of Pastoral Care and Counseling*, ed. Rodney Hunter et al. (Nashville: Abingdon Press, 1990), 1132.

7   Erna van de Winckel, *De l'inconcient a Dieu*. 김성민 역. 「융의 심리학과 기독교 영성」 (서울: 다산글방, 1997), 6장을 읽을 것.

8   야고보서 4장 9-10절은 이렇게 말한다. "슬퍼하며 애통하며 울지어다. 너희 웃음을 애통으로, 너희 즐거움을 근심으로 바꿀지어다. 주 앞에서 낮추라 그리하면 주께서 너희를 높이시리라."

9   "그 때에 이리가 어린 양과 함께 살며 표범이 어린 염소와 함께 누우며 송아지와 어린 사자와 살진 짐승이 함께 있어 어린 아이에게 끌리며 암소와 곰이 함께 먹으며 그것들의 새끼가 함께 엎드리며 사자가 소처럼 풀을 먹을 것이며 젖 먹는 아이가 독사의 구멍에서 장난하며 젖 뗀 어린 아이가 독사의 굴에 손을 넣을 것이라. 내 거룩한 산 모든 곳에서 해 됨도 없고 상함도 없을 것이니 이는 물이 바다를 덮음 같이 여호와를 아는 지식이 세상에 충만할 것임이니라."

10   Thayer A Greene, "Persona and Shadow: A Jungian View of Human Duality," in *Carl Jung and Christian Spirituality*, ed., Robert L. Moore (New York: Paulist Press, 1988), 167-168; Carl G. Jung, "The Shadow," in *The Collected Works of C. G. Jung*, vol 9, part 2, eds., Sir Herbert Read etc. (London: Routledge & Kegan Paul LTD, 1959), 8-10; Carl G. Jung, "The Function of the Unconscious," in *The Collected Works of C. G. Jung*, vol 7. eds., Sir Herbert Read, etc., (London: Routledge & Kegan Paul LTD, 1953), 172; 존 샌포드/ 심상역 역, 「목회탈진과 융 심리학」 (서울: 한국 심층심리연구소, 2011), 123-129; 권진숙, "'밤의 항해'를 떠난 청년과의 동행: 교회이탈 청년을 위한 목회상담," 「신학과 실천」, 77 (2021), 335.

11   Michael St. Clair, 안석모 역, 「대상관계이론과 자기심리학」 (서울: 샌게이지, 2019), 150-151.

12   출처: 네이버국어사전

13   출처: 네이버국어사전

14   박은정, "일상의 상실을 애도하기 위한 목회상담 연구: 존 보울비의 애착이론을 중심으로," 「신학과 실천」, 71 (2020), 345.

15 김춘경 외 공저, 『활동을 통한 성격심리학의 이해』 (서울: 학지사, 2020), 161-165.

16 김춘경 외, 166-170.

17 김춘경 외, 173-174.

18 위니캇의 'Good enough mother'를 충분히 좋은 엄마라고 번역하는데 필자는 이상억의 '적당히 좋은 엄마'라는 번역을 수용하여 인용함을 밝힌다.

19 Carl R. Rogers, *A Way of Being* (Boston: Houghton Mifflin, 1980), 29, 142; 김정선, "임상심리학적 공감 개념과 공감의 신학," 『신학과 실천』 59 (2018), 512.

20 김정선, 514-517.

21 J. L. Trop, & R. D. Stolorow, "Therapeutic empathy: An intersubjective perspective," in A. C. Bohart & L. S. Greenberg eds., *Empathy reconsidered: New directions in Psychotherapy* (Washington D.C.: American Psychological Association, 1997), 281; 김정선, 519.

22 김정선, 520-521.

23 김정선, 517.

24 김정선, 522.

25 Henry Nouwen, 윤종석 역, 『돌봄의 영성-조건없이 사랑받고 사랑하는 하루』 (서울: 두란노, 2016), 24-29.

26 Hana Segal and Melanie Klein, 이재훈 역, 『멜라니 클라인』 (서울: 한국심리치료연구원, 1999), 17-19.

27 위의 책, 161-163.

28 Melanie Klein, "Notes on Some Schizoid Mechanism," *The Selected Melanie Klein* (New York: Free Press, 1987), 181-182.

29 Hana Segal and Melanie Klein, 『멜라니 클라인』, 88-90.

30 제이 그린버그 · 스테판 미첼/이재훈 옮김, 『정신분석학적 대상관계이론』 (서울: 한국심리치료연구소, 1999), 206-210.

31 Hana Segal and Melanie Klein, 『멜라니 클라인』, 99-101.

32 위의 책, 100-101.

33 이상억은 목회상담은 부정적으로만 볼 수 있는 불안의 상황 속에서 내담자와 함께 견디어주고, 그 자리에 머물면서 하나님을 찾도록 돕는 상담이라고 말한다. 다시 말해서 목회상담은 내담자의 고통의 자리에 진실하게 참여해서, 내담자가 불안 등의 부정적 감정의 경험 속에서 하나님을 발견하도록 돕는 신비의 사역을 감당해야 한다고 말한다. 이상억, "작은이들의 벗으로서 목회상담자의 핵심가치에 대한 연구," 『장신논단』 44-4 (2012.12), 275-276.

34 William James, *The Varieties of Religious Experiences*, 김성민 외 역, 『종교체험의 여러 모습들』 (서울: 대한기독교서회, 1997), 246-248.

35 프로이트는 오이디푸스기에 발생하는 여자아이의 남근선망에 대한 좌절이 시기심의 원인이 된다는 입장을 취하였다. 그러나 클라인은 1957년에 "시기심과 감사"라는 논문을 발표하면서, 시기심은 단순히 좌절이 아니라, 누구나 가지고 태어나는 심리적 경향이라고 강조하게 되었다. Melanie Klein, "Envy and Gratitude," in *Envy and Gratitude and Other Works 1946-1963* (New York: Free Press, 1984), 228-230.

36 Ann B. Ulanov, *Spirituality & Psychotherapy* (Einsiedeln, Switzerland: Diamon Verlag, 2002), 21.

37   Ann B. Ulanov, *Cinderella and Her Sisters: the Envied and the Envying* (Einsiedeln, Switzerland: Diamon Verlag, 2012), 18-20.

38   Ann B. Ulanov, *Spirituality & Psychotherapy* (Einsiedeln, Switzerland: Diamon Verlag, 2002), 107.

39   Ann B. Ulanov, *Cinderella and Her Sisters: the Envied and the Envying* (Einsiedeln, Switzerland: Diamon Verlag, 2012), 205.

40   위의 책, 209-210.

41   Karl Simms and Paul Ricoeur, *Paul Ricoeur*, 김창환 역, 『해석의 영혼 폴 리꾀르』 (서울: 앨피, 2009), 201-202.

42   Brooks, E. Holifield, *A History of Pastoral Care in America from Salvation to Self-Realization* (Nashville: Abingdon Press, 1983), 11.

43   '자기애'(Narcissism)는 "자기 사랑; 자신의 외모, 마음의 안정, 중요감, 능력 등에 대한 지나친 관심"(self love; excessive interest in one's own appearance, comfort, importance, abilities, etc.) 또는 "자기 자신이 사랑의 즐거움의 대상이 되는 리비도의 첫 단계에 붙잡혀 있거나 퇴행하는 것"(arrest or regression to the first stage of libidinal development, in which the self is an object of erotic pleasure)라고 정의된다. Victoria Neufeldt & David B. Guralnik, *Webster's New World College Dictionary* (Third Edition) (New York: Macmillan,1988), 901.

44   리비도는 라틴어에서 갈망, 욕망을 의미한다. … 프로이트의 초기이론에서, 그것은 자기 보존의 욕동에 대립하고 있다. 반면에 프로이트의 후기 이론에서, 자기 보존 욕동이 리비도적인 성질의 것으로 드러나자, 그 대립은 리비도의 죽음의 욕동의 대립으로 대체된다. … 『성욕에 대한 세 편의 에세이(1905)』에서는 리비도가 섭식 본능에 관한 배고픔에 상응하는 사랑에 관한 것으로, 충족을 바라는 성적인 욕망과 비슷한 것으로 나타나 있다. … 정신분석에서 단계라고 말할 때, 그것은 가장 일반적으로 리비도의 발단 단계를 가리킨다. J. Laplanche, J. B. Pontalis, and D. Lagache, *Vocabulaire de La Psychanalyse*, 임진수 역, 『정신분석사전』 (서울: 열린책들, 2005), 122-125.

45   응집적 자기를 경험하면, 현실을 적절하게 인식하고, 창의력을 발휘하며, 유머 감각을 가지고 살아가고, 타인에게 공감하며 살아가게 된다. 반대로 병리적인 자기애적 자기를 경험하면, 타인에게 공감하기 어렵고, 창의력이 결여된 채로, 자신만의 세계에 갇혀서 살아가게 된다. Charles B. Strozier, ed. *Self Psychology and the Humanities: Reflection on a New Psychoanalytic Approach* (New York: W.W.Norton, 1985), 123.

46   발달적으로 볼 때에, 처음에는 리비도가 전부 자아에 집중되어 있다. 이런 상황을 프로이트는 '일차적 나르시시즘'이라고 부른다. 그는 리비도가 밖으로 표출되는 것은 자기애가 아닌, 대상사랑의 상태를 나타낸다고 부른다. 이것은 자아가 형성되기 전인 생후 2-3 개월에 나타나는 자체성애 단계와, 자아에 집중되어 있는 일차적 나르시시즘의 시기를 지난 다음 단계에 해당한다. 그러나 리비도는 다시 자아 속으로 후퇴할 수 있다. … 그리고 이후의 삶에서 리비도가 다시 자아 속으로 후퇴할 경우는, 이것을 '이차적 나르시시즘'이라고 불렀다. Richard D. Chessick, *Psychology of the Self and the Treatment of Narcissism*, 임말희 역, 『자기심리학과 나르시시즘의 치료』 (서울: 눈 출판 그룹, 2008), 21-22.

47   Heinz Kohut, *How does Analysis cure?*, 이재훈 역, 『정신분석은 어떻게 치료하는가』 (서울:한국 심리치료 연구소, 2007), 75.

48   위의 책, 149-164.

49   이중 축의 자기는 구조상으로 한쪽 극은 '이상화의 축'과 다른 극은 '과대 자기'라는 두 개의 극단적인 축으로 이루어져 있는 듯이 보인다. 그러나 사실 이 두 축은 서로 긴밀하게 연결되어 있다. 이상화는 과대 자기의 토대를 제공하기 때문이다. 아이는 성장하면서 부모를 처음 이상화의 대상으로 삼기 쉽다. 부모는 아이의 생존에 있어서 절대적인 영향력을 끼치며, 아이가 할 수 없는 무수한 많

은 일들을 해내는 위대한 존재로 보인다. 부모를 이상화하면서 아이는 자신도 위대하다는 과대적 환상을 갖게 된다. 이 과대적 환상은 스스로에 대한 과대주의와 연결되어 대상에 대한 과대주의는 자신에게로 향하게 되어서 과대 자기로 변한다. Allen M. Siegel, *Heinz Kohut and The Psychology of the Self*, 권명수 역, 「하인즈 코헛과 자기 심리학」 (서울:한국 심리치료 연구소, 2002), 102-103.

50   그리고 자기애적 자기의 문제를 가진 사람은 현재 만나는 사람들을 무의식중에 생의 초기에 자기 애적 욕구를 충족시켜주어야만 했었던 부모 (또는 주요 타자)로 보려는 경향을 보인다. 그래서 그 와 현실적인 관계가 아니라 "전이"(Transference) 관계를 맺게 된다. 코헛은 특히 자기애적 자기를 가진 경우에 경험하는 전이를 "자기대상 전이"(Self-object Transference)라고 정의하였다. Heinz Kohut, *How does Analysis cure?*, 이재훈 역, 「정신분석은 어떻게 치료하는가?」 (한국심리치료연구 소, 2007), 18-19.

51   위의 책, 112-113.

52   위의 책, 118-120.

53   Allen M. Siegel, *Heinz Kohut and The Psychology of the Self*, 권명수 역, 「하인즈 코헛과 자기 심리 학」 (서울:한국 심리치료 연구소, 2002), 115-116.

54   이 지향적 자기 개념은 김태형의 2012년 박사학위논문인 「자기애적 자기와 응집적 자기를 연결 시키는 지향적 자기에 대한 목회상담학적 연구」에서 보다 자세히 살펴 볼 수 있다.

55   그러나 자기애자는 다른 감정 중에서도 심원하고 만성적이며 때로는 설명할 수 없는 수치심의 부 담감을 지닌다. 수치심은 사람들이 자신에 대하여 불쾌하게 느끼고, 자신에게 무엇인가 심각하게 잘못되어 있다고 느끼게 되는 경험으로 죄의식과 대치되었다. 이것을 표현하기 위하여 종교적인 용어를 사용하지 않거나 수치심을 통하여 인간의 죄악된 본성을 경험하고 있다는 인식을 하지 못 한다. Donald Capps, *The Depleted Self*, 김진영 역, 「고갈된 자아의 치유」 (서울:한국장로교 출판사, 2001), 61-62.

56   다른 사람들이 인정하고 있지 않는 시선을 인식하는 것이 수치의 고통스러운 형태라고 한다면, 더 욱 절망적인 것은 '자기 자신에게 노출되는 것'이다. 이 자기 노출이야말로 수치의 한 가운데에 있 다. 수치 경험의 결과로 우리는 다른 사람들을 대하는 것 뿐 아니라, 자신과의 직면의 어려움을 크 게 겪는다. 위의 책, 105.

57   캡스에 의하면 '반영'(mirroring)은 자기애적 자기 때문에 수치심의 문제를 겪는 내담자가 용기를 얻고 자신을 바라보고 수용하도록 상담자가 거울과 같은 역할을 하는 것이다. 상담자라는 외부 대 상의 반영은 수치심을 가진 사람이 차츰 안정되게 스스로 자신을 비추어 볼 거울을 준비하고 바라 볼 수 있는 용기를 갖추도록 돕는 데에 그 중요성이 있다. Donald Capps, *The Depleted Self*, 김진 영 역, 「고갈된 자아의 치유」 (서울:한국장로교 출판사, 2001), 99.

58   따라서 수치심의 극복을 위해서는 자신의 모습을 있는 그대로 수용하는 태도가 필요하다. 한편 자 신의 모습을 바라보기 위해서는 수치심을 수용해야 한다. 자신의 모습을 바라보기 위해서는 자신 의 모습을 비추어볼 거울이 필요하다. 그런데 수치심을 경험한다는 것은 스스로를 창피하게 느껴 서 아직 자신의 모습을 비추어볼 심리적인 거울을 준비하지 못하였다는 사실을 뜻한다. 이때에 반 영적 태도를 가진 외부 대상은 수치심을 느끼는 당사자가 심리적인 거울에 자신의 수치스러운 모 습을 비추어보도록 용기를 주어야 한다. John Bradshaw, *Healing The Shame That Binds You*, 김홍 찬, 고영주 역, 「수치심의 치유」 (한국상담심리연구원: 서울, 2010), 233.

59   라틴어인 spiritualitas(영성)이라는 말의 뿌리는 5세기까지 바울서신에서 나타나는 헬라어의 pneuma(영)이라는 명사와 pneumatikos라는 형용사를 번역하는 과정에 나온 말이다. 처음 제롬 이 spiritualitas를 사용한 것으로 알려져 있지만, 그것도 바울신학에 기초를 둔 성령의 능력 안에 서 사는 삶이라는 의미 안에서 사용되어진 경우이다. 유해룡, "영성과 영성신학," 「장신논단」 36 (2009), 305요약.

60 Ann B. Ulanov, *Spiritual Aspects of Clinical Work*, 이재훈 역, 『영성과 심리치료』 (서울: 한국심리치료연구소, 2005), 73.

61 하나님의 현존을 경험하게 되면 불확실한 상황 속에서도, 비판을 받는 상황 속에서도 자신이 결코 외톨이가 아니라는 인식을 갖게 된다. 여기에서 중요한 것은 어떤 상황에 들어가야 할지에 대하여 고민하지 않게 되는 것이 아니라, 불안하게 만드는 상황에 들어갈 때에도 진정시키는 하나님의 현존이 함께 하신다는 인식이 주는 평안함이다. Donald Capps, *Social Phobia: Alleviating Anxiety in an Age of Self-promotion*, 김태형 역, 『사회공포증: 만남의 두려움에서 벗어나기』 (엘도론, 2015), 220.

62 Frank Summers, *Object Relationship Theories and Psychopathology: A Comprehensive Text*, 이재훈 역, 『대상관계이론과 정신병리학』 (서울: 심리치료연구소, 2004), 216-217.

63 아동은 멀리 갈 때에도 그 물건을 가지고 갈 것이다. 그리고 그것을 잃어버린다면, 그것은 아동에게 재난이 될 것이고 따라서 아동을 돌보는 사람에게도 재앙이 될 것이다. 아동은 그것을 결코 다른 아동에게 주지 않을 것이며, 다른 아동들도 그 물건을 원치 않을 것이다. 그것은 냄새가 나고 더러워지지만, 그렇다고 함부로 세탁해서는 안 된다. 나는 이 물건을 중간대상(transitional object)라고 부른다. Donald Winnicott, *Deprivation and Delinquency*, 이재훈 외 역, 『반사회적 행동에 대한 정신분석학적 이해: 박탈과 비행』 (서울: 한국심리치료연구소, 2001), 162.

64 카렌 스미스(Karen Smith)는 "기독교 영성은 단지 말씀을 듣고 그것을 진리라고 믿는 것만을 뜻하지 않고, 삶에서 그리스도와 관계를 경험하고 유지하는 것이다."라고 말한다. Karen E. Smith, *Christian Spirituality* (London: SCM press, 2007), 5.

65 인간의 삶에서 가장 중심적인 사실은 우리가 이 무한한 생명과 하나됨을 의식적이고 역동적으로 실현하여 이런 신적 생명의 흐름에 우리 자신을 완전히 열어놓은 것이다. 이 단계에서만이 우리는 무한한 생명과 하나됨을 실현하여 이런 신적 흐름에 우리 자신을 열어놓는다. William James, *The Varieties of Religious Experience*, 김재영 역, 『종교적 경험의 다양성』 (서울: 한길그레이트북스, 2006), 167.

66 위의 책, 167.

67 Donald Capps, *Social Phobia: Alleviating Anxiety in an Age of Self-promotion*, 김태형 역, 『사회공포증: 만남의 두려움에서 벗어나기』 (대전: 엘도론, 2015), 202-203.

68 위의 책, 204.

69 당신이 자기 내면의 빛으로 향한다는 것은 신의 현존 또는 당신의 신성한 자아 속에서 사는 것임을 깨닫고서 의식적으로 이런 일을 수행한다면, 당신은 지금까지 의지하였던 대상들 그리고 외부에서 당신의 마음을 빼앗은 대상들의 비실재성을 발견할 것이다. William James, 『종교경험의 다양성』 168.

70 그러나 하나님 현존을 경험하게 되면 불확실한 상황속에서도, 비판을 받는 상황 속에서도 자신이 결코 외톨이가 아니라는 인식을 갖게 된다. 여기서 중요한 것은 어떤 상황에 들어가야 할지에 대하여 고민하지 않게 되는 것이 아니라, 불안하게 만드는 상황에 들어갈 때에도 진정시키는 하나님의 현존이 함께 하신다는 인식이 주는 평안함이다. Donald Capps, 『사회공포증: 만남의 두려움에서 벗어나기』 220.

71 개역개정판 성경

72 정말로 은총을 받아온 사람들에게는 공통적으로 한결같이 근본적이고 동일한 신앙심과 자비가 있다. 이것은 모든 것들 앞에 사랑과 겸손, 신에 대한 무한한 신뢰, 그리고 타인들에 대해서는 온유함을 동반하지만, 자신의 자아에 대해서는 엄격한 내적 상태이다. William James, 『종교경험의 다양성』 388.

73 이 메시지의 내용은 이상억, "목회자의 탈진예방을 위한 자기돌봄의 목회상담방법론 제언," 「장신
    논단」 50-5 (2018. 12), 159-222의 내용을 발췌하여 수정보완한 것임을 밝힌다.

74 Carl. G. Jung, *The Practice of Psychotherapy* (Princeton, NJ: Princeton University Press 1966),
    442.

75 유재성, "목회자의 탈진 자가진단법," 「목회와 신학」 제182집(2004), 102-108 참고

76 진단은 "대체로 그렇지 않다"를 1점, "보통이다" 2점, "대체로 그렇다" 3점, "항상 그렇다"를 4점으
    로 계산한다. 하지만 3, 5, 8, 9, 10번 항목의 경우는 역채점하여 합산한다. 예를 들어, "대체로 그
    렇지 않다"를 4점, "보통이다" 3점, "대체로 그렇다" 2점, "항상 그렇다"를 1점으로 계산한다. 합산
    점수의 총점 범위는 10-40점이며, 점수가 높을수록 자아존중감이 높은 것을 의미한다. 이때 기준
    으로 삼는 점수는 23점이다. Morris Rosenberg, *Society and the Adolescent Self-image* (Princeton,
    NJ: Princeton University Press, 1965), 3-35 참고.

77 각 항목의 배점은 "아니다 또는 거의 그렇지 않다"를 1점, "때때로 그렇다"를 2점, "자주 그렇다"를
    3점, "거의 항상 그렇다"를 4점으로 계산한다. 하지만 2, 5, 6, 11, 12, 14, 16, 17, 18, 20번의 항
    목은 역순으로 배점한다. 즉, "아니다 또는 거의 그렇지 않다"를 4점, "때때로 그렇다"를 3점, "자주
    그렇다"를 2점, "거의 항상 그렇다"를 1점으로 계산한다. 점수분포에 따른 진단은, 20가지 항목에
    솔직하게 체크한 후, 표시한 점수를 합산하고, 합산한 점수에 1.25를 곱하여 나온 숫자가 자신의
    우울증 지수이다. 50점 이상이면 어느 정도 우울증 증세를 보이는 상태이며, 60점 이상은 우울증
    증세를 완연히 나타내는 상태이고, 70점 이상이라면 약물을 포함한 즉각적 치료를 요하는 상태이
    다. R. Taylor, P. F. Lovibond, M. K. Nicholas, C. Cayley, and P. H. Wilson, "The Utility of Somatic
    Items in the Assessment of Depression in Patients With Chronic Pain: A Comparison of the Zung
    Self-Rating Depression Scale and the Depression Anxiety Stress Scales in Chronic Pain and Clini-
    cal and Community Samples," *The Clinical Journal of Pain* 21-1 (2005), 91-100 참고.

78 위의 척도에 대한 진단은 "전혀 아니다"를 1점, "약간 그렇다" 2점, "그런 편이다" 3점, "아주 그렇
    다"를 4점으로 계산한다. 하지만 1, 2, 5, 8, 10, 11, 15, 16, 19, 20번 항목의 경우는 역으로 채
    점한다. 예를 들어, "전혀 아니다"를 4점, "약간 그렇다"를 3점, "그런 편이다"를 2점, "아주 그렇다"
    를 1점으로 계산한다. 합산 점수의 범위는 20-80점이며, 52-56점의 경우, 상태불안 수준이 약간
    높으며, 57-61점의 경우, 상태불안 수준이 상당히 높은 상황이며, 62점 이상의 경우에는 상태불
    안 수준이 매우 높다고 볼 수 있다. Charles Donald Spielberger, *Manual for the State-Trait Anxiety
    Inventory* (Palo Alto, CA: Consulting Psychologist Press, 1970), 10-24 참고.

79 민병배, 이한주, 「강박성 성격장애」 (서울: 학지사, 2002), 157-171 참고.

80 이용승, 「범불안장애」 (서울: 학지사, 2002), 130-152 참고.

81 권석만, 한수정, 「자기애성 성격장애」 (서울: 학지사, 2002), 140-147 참고.

82 자기 인정 진술서의 내용은 다음과 같다: 1. 나는 하나님의 은혜로 나 자신을 완전히 사랑하고 수
    용한다. 2. 예수님께서 나를 받아들이셨듯 나는 아무 조건 없이 자신을 수용한다. 3. 하나님이 창
    조하신 나를 나는 인정한다. 4. 나는 현재의 내 모습 그대로 충분하다. 5. 나는 현재의 내 모습 그대
    로를 사랑한다. 6. 나는 독특하고 특별한 사람이다. 7. 나는 어느 누구와도 나를 바꾸지 않을 것이
    다. 8. (당신의 이름), 나는 지금 그대로의 너를 사랑한다. 9. (당신의 이름), 나는 지금 그대로의 너
    를 수용한다. 10. (당신의 이름), 나는 지금 그대로의 너를 인정한다. 11. 나는 이미 나 자신이 괜찮
    은 사람임을 하나님께서 입증해 주셨다. 12. 나는 사랑받을 만하다. 13. 나는 사랑받을 만한 가치
    가 있다. 14. 나는 나를 인정하기 위해서 하나님 외에 그 누구도 필요치 않다(권석만, 「우울증」 (서
    울: 학지사, 2002), 162-199 참고).

83 실행 방법은 a. 숨을 깊게 내뱉는다. 입을 열어 "후우~" 하고 숨을 2회 내뱉는다. b. 손을 조용히 털
    며 긴장을 완화시킨다. c. 발을 조용히 털어 긴장을 완화시킨다. d. 오른손에 힘을 주어 주먹을 꼭
    쥔다. 하나에서 여덟을 천천히 세며 주먹이 부르르 떨릴 때까지 꼭 쥔다. 다시 하나에서 여덟을 세

며 천천히 주먹을 풀며 근육을 이완시킨다. e. 동일한 방법으로 왼손의 근육을 긴장-이완시킨다. (동일하게 오른팔, 왼팔에 실시) f. 동일한 방법으로 오른발의 근육을 긴장-이완시킨다. 발의 경우는 손처럼 쥘 수 없으므로 발가락을 오므리듯 한다. g. 동일한 방법으로 왼발의 근육을 긴장-이완시킨다. (동일하게 오른 다리, 왼 다리에도 실시) h. 괄약근(항문근육)을 쥐었다 이완시키기를 천천히 실시한다. 모든 근육 긴장-이완은 하나에서 여덟을 세는데 그 속도를 빠르게 해서는 안 된다. 특히 이완시킬 때는 급작스럽게 힘을 빼지 않도록 노력해야 한다. i. 동일한 방법으로 복부의 근육을 긴장-이완시킨다. j. 동일한 방법으로 가슴의 근육을 긴장-이완시킨다. k. 동일한 방법으로 안면의 근육을 긴장-이완시킨다. l. 동일한 방법으로 몸 전체의 근육을 긴장-이완시킨다. (여기까지 1 set) m. a~l 까지 두 번을 더 실시한다. n. a를 제외하고는 모든 호흡을 코로 한다. 힘을 줄 때에도 호흡을 잊어서는 안 된다. 숨을 멈추고 긴장해서는 안 되며 할 수 있는 한 부드럽게 복식호흡을 하려고 노력해야 한다. Edmund Jacobson, *Progressive Relaxation* (Chicago: University of Chicago Press, 1938), Chapters 2-3과 박현순, 『공황장애』, 151-155을 참고하여 임상 수정함.

84   Larry Kent Graham, *Care of Persons, Care of Worlds* (Nashville, TN: Abingdon, 1992), 43-48.

85   홍윤숙, 『그 소식』(서울: 서정시학, 2012), 157.